台灣念真情

——————吳念真

新版序

這真的是一本老書了，發行到現在已經將近十五個年頭。

十五年回頭望，既短又長。

短的是消逝的時光，十五年一回頭，常覺得似乎只是不經意的一瞬間。而長的卻是記憶，人來人去，世事變遷，一件一件回想起來無一不是漫長的起落跌宕，且伴隨著悲歡交集的過程，當然還不包括那些顯然已被時間消磨到無法辨認甚或早已遺忘的部分。

或許恐懼老是被回憶糾纏，而無法專注於眼前的人和事，因此自己對所做過的事、寫過的文字通常蓄意遺忘，當然更不留下任何相關的「痕跡」，不過「台灣念真情」無論是節目本身或者這本文字紀錄十多年來卻始終「陰魂不散」般地伴隨身邊，或不斷地被提醒。

我想原因之一是這個做了三年半的節目後來又重播兩次，前前後後在電視上停留了將近十年之久，還有，部分文字甚至一度還成了國中國文課本的一部分，「禍延後代」。記得幾年前，有一個朋友帶了他兒子的國文課本要我簽名，不過裡頭所附的一張紙條倒是稍稍安慰了我，他說：念真杯杯，謝謝你寫的這一篇，要背的註釋很少，而且考試也不太考！

另一位更妙，有一天她媽媽要來找我，她也想一起來，理由是：我想看看國文課本裡少數還活著的作者。

說起這些意外的緣分，不能不提到幾個人，第一個是當初TVBS的董事長邱復生先生，他應該算是這個節目的催生者。

不過節目會做成也是一種意外，邱復生是出名的「思緒跳躍」的人，今天想到的idea明天可能就被自己否定，昨天興致勃勃想做的事說不定今天醒來就遺忘，認識他到現在說過要一起做的事起碼超過一百種，但做成的唯獨這一件。

事情會成的主要原因是他把這節目的構想直接交待給一個最善於死纏爛打的製作人身上，讓她押著我照章行事，這製作人叫侯文燕。

當年TVBS初創，草莽氣息濃烈，整個台裡瀰漫著年輕的動力，擁擠而雜亂的節目部辦公室和剪接室好像二十四小時都不關燈，記得四週年台慶的時候他們要我上台致詞，我說：「TVBS的特色是女生當男生用，男生當畜生用，畜生……當總經理和董事長用！」，台下一片歡呼，連邱復生自己都笑得合不攏嘴。

念真情小組不用說肯定是最累的一群，四組人一組正在拍，一組在剪接，一組在錄影，另一組則在準備資料、聯絡拍攝對象，就這樣不停地週而復始、上山下海，三年半下來平均每個人都累積一百天以上的假卻找不到時間休。

「四組人」聽起來好像很「軍容壯盛」，但其實就只是這幾個人：三台（陳忠治）、慧君、長鈺、文莉和嘉慧。

一定要提到他們的原因是，書裡的文字有極大的部分其實是根據他們所寫給我的文字稿或拍攝筆記所衍生出來的。

出書則是老友陳雨航的決定。

記得節目播出沒多久他就來找我，說想把那些旁白結集成書，我說：「電視都已經播過的東西，誰還看文字？」，之後就把這個建議置之度外，沒想到他卻要編輯和製作小組直接聯繫，把一頁一頁的旁白稿逐一變成書稿的形式，等累積到足夠的字數之後就把書稿放到我面前，說：「夠一本書了，你要不要修一修？不修我就找人來修，但我知道別人修的你一定不滿意，所以……？」

於是就有了這本書。

不知道說過多少次，這輩子很多事都是在類似的「瞬間因緣」裡決定、進行，然後卻就意外地成為一生中重要的轉捩或難忘的回憶。三年半的節目走過許多地方，見過許多人，十幾年後的現在，很多地方都已改變了（有些甚至在九二一大地震之後失去蹤影），許多人也都不在了，當年曾經說這些文字是「……每一次的人間邂逅之後的一份筆記，說的是當下的體會與心情，希望與失望、歡欣與憂傷」，十幾年後重讀這些滋味依然存在，但更多的是對那些地方、那些人的眷戀和感激——因為有他們所以才會有這些文字，才會讓我覺得那段時間的人生至少沒有空白，至少還有跡可尋。

那些地方，那些人……感激不盡。

目錄

台北縣

桃園

新竹

苗栗

目錄

台中

南投

彰化

雲林

嘉義

目錄

目錄

花蓮

台東

台北市

專替台北市擦屁股的人

對我來說，只不過是一個小時的作態，或是滿足一下小時候挑肥澆菜的記憶，但是對他們來說，可是每一天無法逃避的工作。

一九九六年七月十二日清晨一點，大部分的台北市民早就睡著了吧！不然也該準備上最後一次廁所，然後休息了。但對位於台北縣板橋的台北市環保局水肥處理隊來說，這一天的工作才要正式開始。

水肥，有些人可能聞之色變，雖然知道這只是感覺的聯想，與道德無關，不過對從事這種工作都已超過十年、二十年的隊員來說，也早已習慣一般人對水肥隊觀感上的直接反應吧！

水肥隊分抽班與挑班兩種，顧名思義，抽班是由水肥車將水肥抽出來；挑班則比較辛苦，是用人工一勺一勺的舀出來，一擔一擔的挑走。或許你會懷疑，九〇年代的台北，還會有茅坑、還要靠人力來挑嗎？

午夜一點三十分，水肥車到達康定路，這是今晚第一個工作地點。這裡是一個尚未改建的舊社區，小巷狹窄、黑暗、曲折。原本是標準配備的手電筒，對他們來說完全用不著。十幾二十年來，同一個茅坑，都已經光顧幾百次了，閉著眼睛也知道，不然聞味道也可以知道。味道，當然不好，不過比起小時候那種人豬合污、上廁所還要帶磚頭墊腳，以免被白白胖胖的蛆爬上腳蓋的慘狀，是好太多了。

雖然在我們採訪的鏡頭前，他們都盡量自在，可是當我說要試著挑挑看的時候，他們卻急成一團，叫我不要試，說：「不要啦！在電視上不好看！」從那焦急的語氣裡，彷彿聽見他們隱藏的在意。能不在意嗎？對我來說，只不過是一個小時的作態，或是滿足一下小時候挑肥澆菜的記憶，但是對他們來說，可是每一天無法逃避的工作。

清晨二點二十分，在康定路的另一個舊社區。學校預定地的房子，遲早都要拆遷了，所以沒有人願意改建。舊房照住，飯照吃，屎照拉。可是水肥車又開不進來，所以善後就得靠這些老人家來處理。

根據統計，這樣的糞池，全台北市還有一百多處，零散的遍布各地，其共同的特點，都是位於老舊陰暗的老市街裡。老市街、老房子的老糞池裡，靠的是一群老人家來處理，這樣想著，彷彿就是一種蒼涼。不過，他們反而安慰我們說，他們是末代挑糞人，因為明年可能水肥隊就會解散了，他們將會被編進清潔隊裡。雖然對我們來說，他們未來的工作一樣是廢物處理，但對他們的人生來說，卻是一次難得的升級。從他們說話的臉上，好像看到安慰與期待的神情。

清晨三點三十分，來自台北市各地的水肥車都到了同一個歸宿點——迪化街的污水處理廠。

水肥從車子裡抽出來，進行處理，然後放流，讓塵歸塵、水歸水、土歸土。只是從這初步過濾出來的雜物中，我們看到了手帕、抹布、內衣褲、飲料罐，甚至還有水管、石頭、電燈泡及一隻球鞋，這讓我不禁懷疑，台北市民怎麼有辦法把這些東西吃到肚子裡？

四點鐘，我們跟著抽班的水肥車到了吳興街。民宅的主人看到了我們，滿高興的，因為這一棟五層樓的房子，水肥已經滿到二樓了。但沒想到他們家的糞口，竟然因為太久沒用生鏽了。好不容易才打開糞口，沒想到把糞管伸進去之後，又發現化糞池口的弧度不對，管子無法伸入。民宅的主人有些著急，因為如果沒有抽，廁所就不能用，但不急的時候，誰又會想到廁所，想到那些從己身所出又髒又臭的東西。

如果萬一碰到同樣讓你著急的難題，在明年他們解散之前，提供一個電話：二四五〇二三一*，或許有一個夜裡，這些朋友會不嫌髒臭的來幫忙你解決問題，但請別忘了繳交公訂價一千三百元。使用者付費，這是公平的。

* 編注：原位於板橋的台北市水肥隊，自一九九七年七月一日臺北市抽水肥業務民營化後，其業務轉型為負責臺北市公廁清潔維護管理、稽查取締、公廁清潔人員教育訓練及流動廁所租用等。台北市民若有相關業務需求，請洽一九九九。

天下第一家

聞不到人間煙火，也聽不見人間真正的聲音。甚至都不知道外面現在吃的都是黑珍珠的蓮霧了，官邸裡留著的還是幾棵原種的小蓮霧，兀自服從且頑強地開花、結果、掉落。

葛樂禮颱風剛過，除了偶爾還有小小的陣風陣雨之外，台北有著難得的風雨後的清透與寧靜。在這樣寧靜的氛圍裡，位於台北士林這個特別的地段，顯得特別淒清。

士林官邸，第一個蔣總統的家。即便他老人家都已經過世二十多年了，不過一旦要跨進這四、五十年來，因為神祕而演繹出無數想像與傳說的地方，心裡還真是有點不敢置信，或者，有點不安。而今天，人走進來了，走過這個當年有著碉堡、射口護衛，外加重重警衛的大門，走進老總統的院子裡。

今年八月四日開始，憲兵和令人不舒服的拒馬將不見了。老總統的花園和院子將成為人民的公園。院子裡的花圃據說是老總統和夫人最愛來散步的地方。當年由於老先生愛梅花，夫人愛玫瑰花，所以底下的人只好兩者皆種，也不管是否協調、好看。園藝所的陳主任說：「目前玫瑰花是新種的，才剛成株。」因此在雨絲裡，顯得有些脆弱淒美。梅花雖然是陳年老幹，但只見老態，不見傲骨。

緊臨官邸正房的地方，有一塊菜圃。據說當年老總統還親自種過菜。目前只見雜草叢生，旁邊還燃燒著枯枝敗葉，還有垃圾，很難想像這是「御花園」的一角。垃圾堆中，驚訝的發現一本民國五十三年印製的總統訓辭，題目是「反共復國的指導原則」，更意外的是有一本濕透的英文書，好奇的打開一看，是軟調子的黃色小說。官邸菜圃裡焚燒垃圾，總統訓辭旁有黃色小說。時代真的變了！

時代變了，官邸開放似乎有著特別的意義。但對在這裡工作超過二、三十年的某些人來說，卻有另一面的看法。他們說：「花園能讓大家進來玩是很好啦！不過，房子，慢一點吧！老夫人，人還在嘛！我們還是幫她留一下嘛！留著房子，就算她不回來，情意至少也在我們這邊嘛！」這樣說著的工作人員，語氣裡，我們聽見一種人間百姓的平凡情分。不知道是不是這種百姓情分，還是政治拉鋸，官邸本身建築到現在還是依舊管制。舊圍牆拆掉了，卻建了新的欄杆，又把自己重新關了起來，聞不到人間煙火，也聽不見人間真正的聲音。甚至都不知道外面現在吃的都是黑珍珠的蓮霧了，官邸裡留著的還是幾棵原種的小蓮霧，兀自服從且頑強地開花、結果、掉落。

花園內的各種庭院建築，有點出乎想像的簡陋與俗氣。涼亭內的石桌上當年設計者有點奉承的刻上五顆星，而且還加上「壽」字。屬於新人類的工作人員半認真半開玩笑的說：「哇！這個設計者也不怕被槍斃啊！竟然敢祝福五星旗萬壽無疆。」

走過沒水的水塘，水塘中只剩下水黽、福壽螺和一條水蛇。我坐在據說偉人當年習慣在那兒沉思的石椅上，我沉思的主題非常嚴肅，是「福壽螺怎麼那麼厲害，連官邸都敢偷渡進來」。但想了一下午，也想不出結果。

官邸的後方，有一個偉人常來登高眺遠的亭子，叫「慈雲亭」。十幾年來，偉人不在了，所以雜草叢生，人跡罕至。最近因為要開放，所以才剛剛完成除草的工作。涼亭年久失修，偉人所題的匾額，搖搖欲墜。屋頂上，視野非常遼闊。正面遠山本來有一處中正嶺，從上面看去，可以看到用樹種成「中正」兩個字，不過，現在也看不清楚了。工作人員說，還好老總統叫中正，筆畫簡單，不然像現在想拍馬屁的人可要累死一堆老百姓了，因為我們現在總統的名字筆畫可多了。

這一棟看起來並不像教堂的教堂，叫「凱歌堂」，是老總統與夫人和他的部屬、好友或特定貴賓做禮拜的地方。直到現在每個星期天，周聯華牧師依然在這裡主持禮拜，只是人沒有以前多了。先總統與夫人當然有跟別人完全不一樣的座椅。據說八字不夠重的人坐上去會肚子痛。我坐了，只是純為測量一下自己八字的重量，結果是……還好，一切無恙。

週六的黃昏，圍牆外應該是處處歡樂聲吧！而這裡依舊寂靜，人去樓空的寂靜，可是仍有一大堆人看守著。看守著記憶嗎？怕被淡忘了？被遺忘了？還是只是單純的守護著這五十多年來習慣性的寂靜，遠離人民的寂靜。

溫暖沿街賣的麵茶老人

沖麵茶的絕技——要穩、要準、要狠。當然，如果你自認技術很好的話，也可以學阿公或阿伯，把水壺提的很高很高往下沖，不過，要小心別燙著了……。

在一次出外景的工作中，遇到一位賣麵茶的阿伯。也許因為太久沒看見這種生意吧！那種「遇見記憶」的意外驚喜，讓我當下就直接跟那位阿伯說，我們想請他當我們節目的男主角。麵茶阿伯原本有一點害羞，不過經不起我們的死纏爛打只有答應了。問阿伯住在哪裡，阿伯說他不識字，也從來不記地址，他告訴我們他住在「台北市太原路雙連市場那邊，一個變電所旁邊有一條巷子裡面……！@＃$……」反正是一個非常特別的地址。

外景當天，地方其實不難找，只是麵茶阿伯昨天晚上到凌晨兩點多才回來，此刻還睡夢方酣。

阿伯住的老房子讓人家印象深刻。這棟老房子裡一共住了二十幾戶人家，都是從外地上來台北討生活的分租戶。當中除了阿伯之外，還有一位八十二歲的阿公也在賣麵茶。

「這裡房子雖然舊，而且環境也不好，但是大家住久了也有感情，就不會在乎那麼多了……」

也住在這裡的美玉阿姨告訴我們。

美玉阿姨原本在高雄做房屋翻修生意，但是一個女人家在都是男人的商場上做生意著實不容易，而且常常被人家騙，美玉阿姨一氣之下乾脆收手，把所有東西賣掉，買下一間房子，然後上來台北另謀生路。她看報紙找工作，看到理容院在找人洗毛巾，於是阿姨就去做了。從那時候一個月七千塊開始做到現在兩萬八。

住在這裡的每一個人，或者在都市邊緣地帶生活的更多人，也許都和美玉阿姨一樣，各自有著一段充滿辛酸和些許傳奇意味的故事吧！

說著說著，我們的兩個男主角——賣麵茶的阿伯和阿公終於起床了。賣麵茶的阿伯和阿公因為都是晚上十一、二點才回來休息，所以大都睡到中午才起床，下午一兩點再出門做生意。出門之前得先燒一大堆開水，將麵茶粉、太白粉、泡餅、糖等所有材料準備好，然後再準備上路。

阿公和阿伯兩個人都是宜蘭人。阿公最早住在宜蘭的山上，六、七歲的時候就跟著父母一起在山上做伐木鋸木的工作。當時是日據時代，要上學必須走下山，路途非常遙遠，而且那個年代家裡也無法負擔學費，所以阿公和阿伯一樣都不識字。二十五歲時阿公搬下山來住在宜蘭二城，繼續從事伐木的工作。一直到五十五歲那年，木材生意不好做老闆維持不下去為止。頓時失業的阿公於是上來台北跟著阿伯學賣麵茶。阿公只跟著阿伯賣了一天，第二天就單槍匹馬上街做生意了。一直到現在，算算已經賣了二十多年。

阿公語帶感慨的回想以前賣麵茶的日子。以前有專門批發麵茶的工廠，只要跟它買麵茶，老闆就會提供推車、水壺跟所有的生財工具，住也住在公司宿舍，只要負擔吃飯錢就可以了。當年生意鼎盛的時候，麵茶廠有二、三十輛的麵茶車，大本營就在以前的雙連火車站旁邊。後來，鐵路拆了，吃麵茶的人也少了，批發工廠結束營業，原來的一群人退休的退休，改行的改行，現在只剩下阿伯和阿公還在賣。

現在阿公的推車，是當時麵茶工廠老闆結束生意的時候，他用一千塊大洋頂過來的，雖然舊，但是拉起來還是很順手。不過問題比較大的是沖麵茶的茶壺，因為在台北市補白鐵的店實在難找，所以他提回去宜蘭補過好幾次。

開水開了，阿伯跟阿公準備出去做生意了。他們一出門做生意，就要一直到半夜才回來。除了便當之外，他們還會帶上一大包衣服。我們傻傻的問，帶這麼多衣服做什麼？阿伯只是笑著說，到時候你們就知道了。果然，入夜之後，氣溫驟降，阿伯一件一件穿，我們是一次一次抖，還不時聽見阿伯有點開玩笑的說：「三月初，冷死你們這些少年家，留甘蔗頭節多不蝕本……。」

回到正題，賣麵茶首先要有耐力。阿伯還有阿公每天推著車子到處走到處賣，沒有固定的地點。他們常去社子的葫蘆墩，西門町、艋舺也都走過。有一次阿伯走到東門迷路了，又搞錯方向，糊裡糊塗地一路走到三張犁。最後還是問計程車司機才找到回家的路，那天回到家時都已經凌晨三點了。

阿公說，在台北賣麵茶的人大部分都是宜蘭人，因為宜蘭人最能吃苦。我不知道是不是真的，不過，八十二歲的阿公拉起車來還真是健步如飛。

賣麵茶靠的是耐力，還有功力。耐力是要走很遠的路，功力則是沖泡麵茶的技巧。當初看到阿伯的時候，就對他那一手沖麵茶的功夫感到瞠目結舌。阿伯自己也很自豪的說，沖麵茶就是要穩、要準、要狠。「穩」指的是水壺要提穩，一定要倒到茶碗裡面，而且不能燙到手。「狠」就是要將開水狠狠地沖下去，這樣麵茶才會起泡、才會香。阿伯說的頭頭是道，當我們拍攝的時候，阿伯十分臭屁的將水壺提的老高，不小心沖到手，還硬撐出一臉得意的笑，倒是把路邊買麵茶的小姐嚇了一大跳。

除了麵茶粉之外，行家都會配著麵茶吃泡餅。這種太白粉泡餅，有人叫它膨餅，也有人叫它酥餅，名稱不一而足。泡餅加上牛奶沖開之後，餅被泡到半軟半酥時口感最佳，而且太白粉還具備清心退火的絕佳功效。不過太白粉的選料還有沖泡技術又是一門學問。「很多人吃過我的泡餅之後，回家自己如法炮製。可是我跟你講，吃起來絕對不一樣！」阿伯臭屁的說。

「重要的是太白粉，日本太白粉比較好。好一點的泡起來比較容易化開；差一點的泡起來就比較化不開，不太會凝固，泡起來比較爛。」經不起我們的苦苦糾纏，阿伯還是跟我們透露了他做泡餅的獨門絕學。除了要用好一點的太白粉之外，沖的水一定要很滾才可以。當然，如果你自認技術很好的話，也可以學阿公或阿伯，把水壺提的很高很高往下沖，不過，要小心別燙著了……。

阿伯賣麵茶已經三十多年了，早已練就一身好手藝，沖麵茶粉的手勢以及拌太白粉的技巧都是他引以為傲的絕活。做生意的時候經常有人把他的攤子當作難得一見的表演，甚至拿著相機猛按快門。

傍晚，阿伯把自己帶來的便當溫熱一下，就在路邊解決晚飯。而阿公因為年紀大了比較容易累吧，會提早回家吃晚飯，有時候吃過飯晚上會再出門做生意。

阿公說，八十二歲了，真的是老了！有時候比較容易累，特別在寒冷的冬天，備感吃力。而且最近常常想家，想家裡的老牽手和小孫子。有時候做個兩三天，就回去宜蘭住個四、五天再回來做生意。阿公說，其實並不是不賣麵茶日子就不能過，只是閒不下來而已。不過，既然時候到了，乾脆退休回鄉下享享清福吧！

我們跟阿公商量，退休之後，那隻水壺可不可以賣給我們當骨董？阿公開心的說：「已經太晚了，因為已經被別人訂走了，而且連車子都一起訂了。對方開價一萬多塊，是當初估來的好幾倍！」

「而且，買去的人不是要當骨董，而是要繼續賣麵茶呢！」這似乎是阿公最開心的部分。

聽見阿公這麼說，我們心裡似乎感到安慰了一些。至少，在未來的幾年，在這個城市最深的夜裡，我們仍然能聽見那熟悉而溫暖的呼喚。

呼喚記憶的米香老人

爆米香對很多人來說不僅是一種食品，也是一種記憶。甜甜的，鬆鬆軟軟的，每一個細節都是膨脹過的。

今天是一九九六年的倒數第四天。今天社子沒有淹水，天晴地乾，連人看起來似乎都特別神清氣爽。

大清早，住在北投的「胖胖嬰食品有限公司」董事長方先生正在準備材料還有工具，準備趕赴葫蘆墩市場的早場。

台灣的傳統市場隨著生活方式的改變，像電影院一樣可以分成好多個場次。像特早場是專賣給早起運動者或者已經運動回來的阿公阿嬤。當然，除此之外還有早場、午場，以及黃昏市場。

方先生做的是爆米香生意，如果沒有方董事長大大爆它一聲，葫蘆墩市場的早場根本不算正式開始。方先生二十多年的生意做下來，幾乎天天都要爆也要彈，早就有了固定的砲陣地。禮拜三在士林中正路，禮拜五在大東路，大禮拜在淡水，今天是農曆十七，剛好輪到葫蘆墩市場。不過民主時代先到先贏，七點半若沒趕到市場，車子就進不去了，占不到位置，當然就甭彈了。

於是，方先生方太太上路了，就像二十多年來的每一天，他們準備開砲去了。

原本爆米香的生意只有方先生一個人在做，方太太只是幫忙賣。十幾年前有一天，方先生感冒人不舒服，那個時候爆米香還是得用人力攪拌，方先生一邊攪拌一邊發抖，方太太就說讓她來做吧，方先生想說她一定不會，結果方太太一試，她也會。原來方太太「看都看到會」了！

爆米香對現在許多人來說不僅是一種食品，更重要的是一種記憶。看到米香我就會想起小學時代過兒童節，鎮公所送的禮物就是米香一包，用紅色的紙印著「兒童節快樂」。我往往捨不得吃，拿回家去和還沒有上學的弟弟妹妹共享。也想起以前爆米香的攤子來到村子裡時，排在火爐前面那一列裝著米的各色奶粉罐、鳳梨罐。如果有誰家的米罐旁邊還擺上一小碗花生，一定有人又羨慕又嫉妒的說：「哎喲！有錢人喔！」有錢在那個時候，好像是一種罪惡。

而且，我一直覺得米香吃起來的感覺也像記憶，甜甜的，鬆鬆軟軟的，每一個細節都是膨脹過的。是米，可是卻填不飽肚皮；像記憶，雖然的確曾經發生，但再也無法實實在在地重新接觸一次。

「很多天前就想買了，可是都等不到他來……記得以前一聽見爆米香的把奶粉罐拿出來鏘鏘鏘……大家就會把米啦花生啦香菜啦拿出去。以前米和花生都是自己準備的，他幫我們爆，現在都是做好的，不必那麼麻煩，方便多了……」一位來方先生攤子買米香的中年男人興奮的回憶。看來，說米香代表一種記憶的，絕對不只是我而已。

記憶畢竟是記憶，火爐現在已經改成瓦斯爐，不過這門砲的造型倒依舊沒變，連操砲的方式也一樣。方先生回憶，生意最好的時候，一天都要爆一百多爆。「以前啦，我曾經爆米香爆到凌晨四點，客人還一直拿米來，我就跟他們拜託說不要，人又不是鐵打的，爆到十二點的時候，手上爆，嘴巴也爆。」

如果你還以為米香的材料用的只是米，那你就太落伍了。二十一世紀的米香，已經變成一個代名詞而非專有名詞，米香的材料除了米之外，現在連糙米、糯米、小麥，甚至連通心粉都可以拿來爆米香。方先生說這叫做「有樣學樣，沒樣自己想」。

攤子前面不知道什麼時候來了一位日本太太，沒想到是方先生的老顧客。她和我們一樣，也在等待開砲，等待方先生一砲打出好滋味。她告訴我們，日本的米香是在超市裡頭賣，沒有看過這樣現做的，所以剛來台灣時，在路上還被這個「砰」的一聲給嚇了一大跳。

除了日本太太，還有人專程跑來買，準備寄給國外的朋友吃。我們笑方先生說，現在做的是國際貿易喔！沒想到他可是當仁不讓的當場臭屁起來。方先生曾經遠征非洲迦納教當地黑人做爆米香。他說，當地黑人做爆米香的方式，是把米煮熟之後曬乾，用油炸，再淋上一大堆咖哩，一看就不好吃。後來台灣米香讓他們試過一次之後，就像嗎啡一樣，吃上癮了！他說，台灣米香不是吹牛的，世界第一。曾經有人找他去日本福岡開店，沒去的原因，是因為怕去了再回來的時候，這裡的顧客還有市場說不定就被人搶光了。而且日本總不是自己的地方，怕住不慣，所以，便心甘情願留在自己的土地上向自己的同胞開砲。

除了曾經遠征迦納宣揚國威，方先生還當過影星許不了的替身，當然，演的是做爆米香。再來，更應農林廳的邀請上《強棒出擊》節目，推廣米食文化。這樣多采多姿的人生經歷，方先生還是說，沒什麼，做爆米香圖個溫飽而已。

喝過鹹海水的人，或許頭腦就真的比別人多靈活那麼一點點。近年來方先生除了爆米香，也開始多角化經營起來，兼做一些麵茶粉、麵麩、杏仁茶等沖泡式的食品。

方先生的最新產品是「爆通心麵」，銷路奇佳，通常還沒有擺上攤子就被搶購一空了。每一種新材料試爆的過程，大概跟試爆原子彈沒有兩樣，都是犧牲了無數材料還有時間才成功的。

方先生有兩個小孩，老大剛退伍，老二念夜間部，就像方先生夫婦說的：「很乖！小時候有空就幫著我們做生意，跟久了，不用學也會了！」或許是「看會的」，所以，兩個人不僅技術，就連動作都保證是方先生的真傳。兒子操砲的時候當爸爸的就在一旁看著。也許方先生心裡在想，眼前的這個孩子不正是年輕時的自己嗎？

一天生意下來，雖然有機器可以代勞，但還是會累的。趁午場剛過，黃昏場還沒有開鑼，方先生一家人各自休息去了。此刻的葫蘆墩市場，只有一句話可以形容，叫做「西線無戰事」。不過等一會兒，會再度砲聲四起，繼續一砲打出台灣傳統好滋味。而對方先生來說，這可是一砲打出白花花的新台幣。

殘障兒之家

從他們身上，反而可以看到人們最不矯飾的喜怒哀樂。自己就像活在一個最自然、最真實的世界一樣。

一九九七年一月二十三日清晨六點，我們在心路家園，比約定的時間早了半個小時。小組工作人員或許怕吵醒還在酣睡的孩子，手腳都出奇的溫柔，連聲音也是，看得我有些不慣，不過也有一點感動。

說家園裡的孩子是「孩子」，或許並不恰當，像一虎今年都已經三十八歲了。然而他純真的臉孔，還有個性，用我們這種已然社會化的眼光來看，的確就像一個孩子一樣。一虎，是在三年前住進家園的。家園是一棟四層樓的房子，每一樓各自組成一個家庭。家長是老師，家人則是來自各地的，跟一虎一樣，需要關照的智障者，以及患有唐氏症或者自閉症的孩子。

每個星期一到星期五，他們在這個家園裡學習各種基本的生活技能。比較其他孩子，能學會基本生活技能，可能就是他們一生最大的成就。一如一個電台的公益廣告說「當許多孩子都立志要當總統，當太空人的時候，他們光學會刷牙、洗臉、吃飯、穿衣服，可能都需要幾年的工夫」。週末和假日，一虎還有其他孩子們，才各自回到他們原來的家庭裡，和家人親近。

黃寶瑩老師說，如果帶這群孩子不辛苦的話，是騙人的。不過她也說：「你知道嗎？從他們身上，反而可以看到人們最不矯飾的喜怒哀樂。自己就像活在一個最自然、最真實的世界一樣。」她舉例說：「像一虎就好，他對金錢就有自己一套衡量的標準。一虎一直想買一個戒指送給三樓一個同學——劉亮芸，每次一聽說得花一千塊，也就是十幾張紅色鈔票的時候，一虎就又捨不得了。」

其實一虎對喜歡的人還這麼節儉，似乎有一點「龜毛」，不過看他那種主動負責的樣子，又讓人心疼。他會幫老師照顧或者看管家裡的其他孩子，他就像家裡的長子。他的殘障手冊上登記的智障程度雖然是重度，不過一、兩年下來，情況改變了許多。像現在，一虎就身兼數職，早上負責家園裡的打掃工作，下午一個人到雜誌社當清潔工，再加上他急公好義的本性，所以自然的，義務的當孩子們的班長；一天下來，一虎可忙著呢！

早上九點，家園裡大大小小的孩子們，上班的時間到了，他們都會到家園附設的開發中心工作，一邊是學習，一邊也透過學習賺點零用錢，讓自己肯定自己。一虎所屬的這一組，算是開發中心裡面的高級班，組員的狀況大多比較好，大部分需要趕工的代工品，都是由他們這一組負責。我們靜靜的看著一虎，看他認真而且細心的工作著，他每封一個袋口，都會重複檢查一遍，看是不是封好了，封正了，如果出現瑕疵，他就會自責的搔搔頭，那樣子好像是說：「啊！不好意思耶！」看他工作那麼專心，我們逗他說：「一虎，不要做了啦！我們出去玩，好不好？」沒想到他義正辭嚴的說：「不可以！」老師驕傲又心疼的說，一虎只要有錢賺，就責無旁貸，而且賺到的錢，都會小心翼翼的放在他看得到、摸得到的地方，才安心。至於別人是否也一樣看得到、摸得到，他才管不著。

午餐時刻，我們想跟著一虎去拍他最喜歡的亮芸，可惜沒拍到。但是一虎對亮芸的好，卻讓我們印象深刻。由於女孩子吃飯比較慢，所以一虎就用班長的姿態，命令其他的孩子說：「湯不可以多舀，要留一點給亮芸。」不過後來我們發現，好像是一虎自己喝得最多。

下午一點，一虎自己搭公車到雜誌社打掃。雖然只是短短的幾個站，但光是什麼地方上下車，都是老師們足足花了五個月才教出來的成果。老師說：「對一虎這個年紀的智障者來說，或許當時國內的啟智教育才開始，所以不管訓練或者教育工作，都被疏忽或延遲了！不然，如果早一點開始的話，一虎的發展空間，可能比現在大。」

一虎做什麼事情都認真，掃廁所、刷馬桶都是，臉上的表情專注而嚴肅，我們都不敢說話，像怕打擾一個正在進行的神聖儀式一樣。後來發現一虎竟然把馬桶足足擦了四遍，我們才忍不住提醒他說：「喂！一虎！夠了吧！」他說：「還沒有呀！再擦一遍酒精才好。」

農曆年近了。一虎高興的告訴我們說：「我有年終獎金耶！」我們問他年假的時候要做什麼？他說「洗碗」，我們要好久好久之後，才了解他的思考模式。是的，年假裡面，他要做的事是洗碗，他可沒忘記。單純、負責，而且至少看起來一直是快樂的，這些隨著年齡增長而逐漸消失的純真，卻一直留在一虎，還有其他孩子們的身上、臉上，還有心裡面。

那天晚上，原本是戶外活動的時間，但因為另一位同學「本康」人來瘋、愛現，所有人只好等他秀完之後，才跟著老師還有義工去逛百貨公司。一虎一下子就看到了戒指。他仔細的看遍玻璃櫃中所有戒指的標價，表情豔羨，卻又有一點猶豫，他認真的跟我們說：「好貴喔！戒指好貴喔！」我們忽然很想跟他說：「一虎，戒指不貴，最珍貴的是你一路走來的過程，還有你的心意！」

永遠的等待

同是天涯淪落人吧！這群都市邊緣人有他們自己相濡以沫的情感。而平安站就像每天固定聚會共敘情誼的場所，像一個他們的家，除了有彼此的安慰外，更有一些生活必需品的供應。

一九九七年二月二十七日，今天台北陽光燦爛，但大多數的人都無心欣賞，因為都為了明天開始突如其來的三天國定假期，忙得天翻地覆，改約會，調頭寸……。然而在台北的某些角落，這一天，一如所有過去還有未來的日子，水波不興。陽光和煦，這裡的人或坐或躺，有的甚至一動也不動。工作人員低聲的問說他們會不會連腦筋也不動了？可是那為什麼又要叫他們遊民呢？

遊民，是以前的稱呼，現在的名詞叫「街友」。綽號「黑人」的林讚隆就是其中一個。他是「創世街友平安站」登記第兩百二十五號的街友。以前如果有人沒工作，問他們現在幹什麼，他們都會自我解嘲的說，在「台電」啊！在街上數電線桿！黑人雖然每天眼睛一睜就在街上，但似乎連周遭的一切都視而不見，更甭說是電線桿了。

「黑人」沒有工作，居所不定，昨天、今天、明天全部一樣。漫漫的時間對他來說是最大的資產，也是負擔，因為雖然可以揮霍，卻也要度過。早上九點多，黑人離開他睡覺的地方，他要去的是一天之內唯一有目的的地方，叫「平安站」。或許彼此想法不一樣，即便普通的社會規範，黑人也不把它擺在眼裡。過馬路，紅綠燈對他來講毫無意義，好幾次都把跟拍的我們遠遠的抛到後面，想到的時候，才又闖回來找我們。

平安站到了。這一間不起眼的店面，卻是許多街友每天必到的地方。它除了國定假日外，週一到週六中午十二點準時開門，沒想到我們十點十五分跟黑人走到那裡的時候，平安站外面，已經等了好多人。或許看出我們的驚訝，他們倒安慰似的告訴我們說：「反正十二點它一定會開門，晚來的是在街上等，早到的是在門口等。這樣乾脆到這邊等，至少這裡都是自己人，要說要笑，要躺要坐，也不會惹人厭。」

離十二點半發放便當的時間愈近，平安站門口聚集的街友也就愈來愈多，因為對某些街友來說，這一餐可能是二十四小時唯一的一次正餐。相反的，對某些肚子還不是很餓的人來說，也不放棄這樣的機會，彷彿既然是登記在案有牌的街友，拿便當就是權利，就理直氣壯。有人看到這裡，或許會感嘆的說，一樣米養百樣人，怎麼會有人這樣的過日子？你問我，我也不知道。問他們，可能有千百種理由或故事。

「流涎的」是一個聾啞的街友，他的故事或許像通俗劇，但卻在他的人生過程中，真實的上演過。早年父親曾經給他一棟林森北路的房子，沒想到父親過世之後，被兄弟給霸占變賣了，他既聽不見也講不清，眼睜睜的心卻死了，於是開始在街頭自我放逐。一直到遇見同是街友的流涎嫂，他才奮發起來，打零工、出陣頭、幫人家舉旗子，最近終於租了一個小房間，準備在四月二十五日結婚，跟流涎嫂建立一個別人霸占不了也無法霸占的家。

在社工朋友的了解裡，像流涎的這樣的遭遇實在不少，然而除了期待完善的社會福利之外，平安站目前也只能算是有心而無力之下一個治標的方法。他們說街友裡面有一對老夫妻，被子女惡意遺棄，但是除非兩老到法院控告自己的親骨肉，否則就沒有合法合理的理由住進養老院。除非有一天，心死了，否則每一天依然得到旅館裡面，替人家換毛巾，賺一點微薄的酬勞過活；然而賺來的錢，竟然還會被自己的兒子拿去打保齡球。似乎又是另外一齣通俗劇，但卻又是真實的。

同是天涯淪落人吧！這群都市邊緣人有他們自己相濡以沫的情感。而平安站就像每天固定聚會共敘情誼的場所，像一個他們的家，除了有彼此的安慰外，更有一些生活必需品的供應。看著看著，工作人員忽然說，想想平安站倒像我們每年才回去一次的家，我們好像是另一種街友。

其實創世平安站最終的目的，無非是讓這些街友能重新面對現實社會，自力更生。至少像國父所說的，能服一人之務，造一人之福。黑人現在嫌一個代工品才五角，不願意賺，不願意做，但是他們期待的是以後，至少現在站內四百八十二人當中有許多人真的重新過起自食其力的生活，有的送瓦斯，有的替菜販顧攤位，或者在平安站的二樓做代工，或者像流涎的一樣，努力打工，準備迎娶流涎嫂。只是，目前需要的是時間。脫離社會，絕不是一時的決定，有的是千百種理由。回去，也是一樣，更何況許多人或許是年紀或許是生理上及心理上的傷殘，已經回不去了。從哪裡來？到哪裡去？你不問，他不說。你問了，他說不知道，或者不想答。這是街友共同的特性。但話說回來，如果真的知道了就不會是街友了，是街友，根本就不會彼此這麼問了。

黃昏對城市來說，某些人才是一天的開始，而對街友們來說，卻已經是一天的結束。晃了一天，回到落腳的地方，準備度過的是另一個和白天一樣空白的長夜。不過，或許時間還早，落腳處人家還沒有收攤，黑人只好晃進公園，公園裡面許多跟他一樣的人或坐或躺的靜靜等待。白天他們七早八早等待平安站開門，現在他們七早八早等待一個位置，等待睡眠，或者等待一個夢，如果他們還有的話。

永不落幕的劇場人

他們並不期待台灣的劇場環境有朝一日能跟外國一樣好，只要像現在慢慢的改變進步就好。

一九九七年七月十七日早上，我們在葉子彥的家裡。平凡的家、平凡的人，如果不是子彥有一早溫習劇本台詞的習慣，我們或許不知道他是一個劇場工作者。或許也因為子彥的家居生活出乎意料之外的平凡，平凡得不像我們一般人想像的劇場人吧！

子彥說：「像我最近扮演的角色是一個很精明能幹、勢利眼、一毛不拔、很有錢的富人。我就去找一些現有的形象，可是好像現實生活中不一定是這樣的。有些時候我們就去找一些影像大師他們的紀錄裡的形象，從裡面去尋找……。」要在現實和虛幻的角色中自在的遊走，想抓住角色的形象需要嚴謹得像做功課一樣。現實生活的角色，可需要花更多的腦筋和力氣。

三年前子彥離開學校助教工作的時候，也曾為了到底要不要投身劇場工作而猶豫過。他說如果年輕個五、六歲，或許就義無反顧，但一結婚，老實說就迷惘了。子彥的女兒小彤不怕生，這是他三年來帶著她出入各個劇場的成果。從小看慣了子彥身旁來來去去的工作伙伴，小彤或許認得出我們身上和劇場人某些微微相似的味道，一下子就和工作人員混熟了。不過我們也好奇，三年前迷惘之後的勇氣，子彥說勇氣只有一點點，幸運才是真的，因為太太全力支持，家計問題不用擔心，子彥才得以投身自己的最愛——劇場。

三年前，子彥父代母職一邊陪小孩成長，一邊從事毫無保障的劇場工作。這樣的日子，子彥坦承累了，因為自己知道國內的劇場環境不可能在短時間之內改變，堅持的結果只會讓支持他的家人更累。

每天早上，送小彤上幼幼班，經過公園的時候溜兩次滑梯。這樣熟悉的生活，從今年暑假開始，有了一點點改變。子彥將成為台北市復興高中戲劇科的老師。復興高中戲劇科是今年台北市教育局首次規畫在公立高中設立的藝術科系。文藝紮根的工作雖然晚了，但起碼開始了。子彥說得平靜，但有欣慰。學校經費不夠。這些話對子彥或是國內任何劇場人來說都稀鬆平常的像呼吸，不過他們也會反過來告訴你說：劇場本來就多變，對於突發狀況、克難的環境早就習慣了。子彥本身不就是最好的範本。

一天的時間之內，他要演出多重角色，從住家的男人、小彤的爸爸、復興高中戲劇科的老師、搖身一變又成為果陀劇場的演員之一。外人看來或許多彩多姿，或許搖搖盪盪，但對子彥來說，這是自己的生活，有著和所有人一樣的夢想及堅持。

十年青春給了劇場。一路走過來，有怨卻始終無侮。這也是許多劇場人的心聲。十年前後，台灣劇場的環境慢慢在改變，他們說他們並不期待台灣的劇場環境有朝一日能跟外國一樣好，只要像現在慢慢的改變進步就好。喜歡這樣的自在，是對處境完全了解後那種謙虛又實在的期待。

我們的劇場環境跟國外最大的不同就是沒有屬於自己的表演場地。像果陀這場表演，如果在國外，老早就在劇場裡排演了；舞台、燈光也早已組裝完成，一邊排練，一邊解決問題或修正。而在台灣，通常在演出前三、四天才進現場，裝台、架燈、調光、走步一起來，在有限的時間裡做無限的事，而且還要保證演出完美，因為付出代價的觀眾以及不必付出代價的批評者只看結果不問過程。不甘心這樣的過程，對台灣劇場人來說這樣的心情不是頹喪，有時候竟然成了動力，拼了！三、四天的通宵熬夜，甘之如飴。和觀眾、批評者一樣，只為演出完美，精神無窮，但體力畢竟現實，台灣的劇場人，通常年輕，除了生活，體力或許也是原因吧！

子彥說自己幸運，又有太太支持。聖潔則慶幸自己是個女孩子，可以不用像男生一樣操心自己的工作事業，而且家人也鼓勵支持發展自己的興趣。子彥也好，聖潔也好，談到自己喜歡的劇場工作，幾乎都能講個沒完沒了，然而一問到生活，表情就都慢慢沉靜下來，至多笑一笑。後來我們再殘忍的追問說劇場生活那麼多年，總有翹頭落跑的人吧？答案是當然有，只是離開的人通常都會說，給我幾年的時間，好嗎？讓我存夠錢，我一定重回劇場，我一定重回劇場！別人我不知道，至少我能了解這麼說的人的眼神和心情。這樣說吧！落幕之後，總有幕起的時刻，我們跟觀眾也跟自己說「珍重再見」！

台北縣

另一個九份

侯硐多雨，每次回去，它總是在下雨，雨天灰暗的色調，潮濕而陰沉的氛圍，正是每次回去的心情。

我念小學的時候，念的是分校，所以三年級之後就必須走一個小時的山路到本校上課，加上當時小學畢業要考初中，很小就面臨升學壓力，每天晚上要補習，試考得不好，要被打，很多同學都在這種憂患之下長大。記得班上有一位成績很好的女生，個性很強，考試考不到一百分，考了九十分，要被打十下。後來她發誓長大要念師專，當老師，目的是打老師的小孩。後來她做到了，她的確回到母校任教，但是有沒有教到老師的小孩，一直未問清楚。我的母校是侯硐國小，近幾年來，這個地區在整個煤礦業結束之後，已經蕭條了，人也少了，去的那天，剛好下雨，景象蕭瑟。

侯硐多雨，每次回去，它總是在下雨，雨天灰暗的色調，潮濕而陰沉的氛圍，正是每次回去的心情。這個我念小學的地方，離開故鄉約一小時的腳程，以前是煤礦的主要產區，現在因開採成本過高，擋不過進口煤的物美價廉，礦坑封閉，人去樓空。侯硐好像另一個九份，十幾年前的九份，繁華落盡，只留下寂寞與空虛。

侯硐曾流傳著一個淒美與浪漫的故事：故事是在九份發現礦脈之後，傳說有兩位日本人因為在大粗坑溪與基隆河交會點上採到砂金，所以他們認為從大粗坑溪上溯，絕對可以找到礦脈，所以兩個日本人在冬天溯溪而上。找到一半的時候，其中有一位日本人生病了，他們就搭了一個非常簡單的草寮住下來。有一天，生病的朋友說想喝一點熱湯，另一個朋友就想辦法去找，可是山上什麼東西也沒有，只有一種叫紅鳳菜的野菜長在茅草下。他去摘菜的過程中，因雨下很久，路滑而跌倒，他就抓著茅草往下滑，山的整個結構是石頭壁，上面只有一層大約二十公分左右的泥巴，所以在山壁往下滑的時候，露出了石頭壁上的礦脈，而礦脈傳說也就是這樣被發現的。生病的日本人不久過世，另外一個朋友認為，人的一輩子能在這個世界上得到多少東西，好像是注定的，所以他就把開採所得的一些金子，以及朋友的屍體直接帶回九份，告訴九份人說：「就在這個山的後面還有其他礦脈，你們去拿吧！」然後就帶著朋友焚化的骨灰回日本。沒想到不久，這個過世的日本人太太，因為在家鄉一直等不到先生，所以坐輪船，聽說是一面在船上打工，用來換取旅費，到台灣來，她從基隆沿著北海岸一路打探消息一直找到九份，得知先生已經過世，而且已經被朋友帶回日本，這位太太一聽，一病不起，也就死在九份。當地的人湊了些錢，把她埋在九份牡丹坑以及大粗坑交界點的一個山崗上面，並且非常浪漫的立了一個「無緣の墓」的碑。

小時候聽到這樣的故事，也看過這個墓碑，覺得非常憂傷，而這樣的故事也一直無法忘記，幾年後也曾經寫過一個劇本，叫〈無言的山丘〉，講的正是這個故事。「無緣」，對我來講，就像礦工與土地之間的關係。他們通常來自外地，來到這裡，把青春、體力埋葬在這裡，然後所得到的除了孩子之外，只有病痛與絕望。

侯硐在最燦爛的時候，有百分之七十的人口都在瑞三公司做事。瑞三本礦，養活了成千上萬的人。二十幾年前，曾經發生過一次非常慘烈的災變。有八十幾個人死在礦坑裡面，八十幾個人，八十幾個家庭，八十幾個家庭的小孩，必須在一個晚上之間變成大人，而現在這個曾經輝煌燦爛的瑞三本礦，已經變成荒草一堆。

那天在礦坑口遇到了老礦工李加仁先生，與他閒聊中，我們得知他是當兵之後才開始採礦，因為不識字，所以做礦工。我們問他當時採礦時，為何不戴口罩，他說：「我就不想戴，戴那個麻煩，而且沒有用。因為我們的鼻子通往肺部，嘴巴則通胃，如果石粉吞往胃中會被消化，但如果通往肺部的話，就會阻塞在肺部，所以呼吸要從嘴巴，石粉吃下去沒關係，口渴了，就喝水，之後喉嚨『唰』一聲，好像有沙一樣。」言談中，聽他跟我講話的時候那樣沉重的呼吸聲，以及他從鼻息間所流露出來的氣息，讓我想到當初父親犯病時候的樣子。所以當我跟他講：「歐吉桑！你應該去醫院檢查啊？」他說：「不要去啦！去，什麼病都發現了！」我跟他說：「沒關係，可以免費治療！」可是他卻非常宿命的跟我說：「用門診單去看病，連打針都站著打，而且『啪』一聲就打下去；如果付現金的話，就讓你先坐下來，屁股肉輕輕的捏起來，再輕輕打下去！」也許覺得他的觀念不一定對，但是透過他的談話中，好像了解他對整個醫療體系某種輕微的抱怨，或者……失望。

侯硐路二三八號，是早先非常典型的礦工宿舍，簡稱「工寮」。以前每回走過這個地方的時候，都會聽到許多生活的聲音：罵小孩、夫妻吵架、礦工喝酒的聲音，以及收音機裡的台語老歌，可是現在一片安靜。

雜草、生鏽的採礦器材、長滿蘚苔的礦坑口，侯硐就像十幾年前的九份。十幾年後的九份因為許多人讓它成名，現在變成有名的觀光區。面對侯硐，自己的心情非常複雜，不曉得應該保留這樣的淒清成為我記憶的一部分，還是讓它成為另一個觀光區，另一個九份？

永遠安靜的「永安村」

我不喜歡解釋它為「永遠平安」，我喜歡把它看成「永遠安靜」；因為這個地方除了水就是茶，還有非常少的人。

我從出生、長大、工作和目前的住家都在台北縣。雖然住了四十幾年，但在離自己所住的新店車程不到十五分鐘的地方，有一個特別的村子卻始終陌生，因為到那裡不容易，要坐船。這個村子有一個很好的名字，叫「永安村」，我不喜歡解釋它為「永遠平安」，我喜歡把它看成「永遠安靜」；因為這個地方除了水就是茶，還有非常少的人。

也許你不信，其實威尼斯離我們不遠，就在台北郊區大約四十分鐘的車程之外。原本以為可以永遠平安的永安村，在民國六十九年翡翠水庫興建之後，被水面分割成兩個部分，北岸的永安村，還是和陸地相連成了半島，而南岸的永安村就變成水庫裡的一個孤島，永安村當下就變成台灣的威尼斯。

寬闊的水面變成這裡的公路，船就成為這裡的巴士。船像巴士一樣照時間行駛，一站一站停，載阿媽去買菜、載阿公去聊天，也載小孩子去上學，也許你會問那年輕人呢？村人的答案是在這樣的地方，怎麼留得住年輕人？坐船有好處，從來不必擔心塞車，只擔心暈船，以及萬一乾旱水淺時，船到不了他們的家怎麼辦？

早上七點二十分，第一班交通船準時載著南岸的小朋友到北岸的永安國小上課。船叔叔和小朋友都很熟，萬一誰沒搭上，他爬都會爬去岸上叫。我問小朋友：「這不是連蹺課的機會也沒有了？」小朋友睜大眼睛看著，好像在反問我說：「蹺課？我們蹺課做什麼？我們蹺去哪裡？」七點三十分，交通船到達目的地，我們看到全台灣最美麗也最特別的制服：黃衣服、黃褲子、戴黃帽，外加紅色的救生衣。眼前我們好像看到一列小蛙人，不過他們自己說：「不是啦！像忍者龜，紅色的忍者龜啦！」

永安國小是全村裡唯一也是最高的學府，整個學校總共只有二十個人，七位老師，十三位同學。每天像升旗這種大場面，不但得全員出動，而且每個人還得身兼數職。十三位同學全都是樂隊，其中有人要兼指揮，有人除口風琴之外，另外要加吹笛子。那誰唱國歌？當然是老師和校長囉！說不定校長還要兼司儀喊口令。由於全校只有十三位同學，所以只能分成二個班：一、三、四年級成一班，叫「小荳荳」班，五、六年級叫「新甜」班。公布欄上有每個同學的自我介紹，包括星座、喜歡的顏色，以及崇拜的偶像等。有位同學崇拜的偶像是李登輝，不過後來就用立可白把他塗掉了，改成孫耀威，還押韻呢！

一年級今年只有一位學生，本來應該和二年級一起上課，但二年級沒有人，老師怕她無聊，所以叫她和三、四年級的同學一起上課。我們到五、六年級的新甜班看他們上課，問五年級同學：「六年級同學上課時，你們做什麼？」「聽啊！」我們又問六年級的同學：「五年級上課的時候，你們做什麼？」「啊！就聽呀！」所以每種課程他們都得聽兩遍，今年聽不懂的，明年還有機會，所以永安國小真是做到了知新兼溫故，溫故也知新。

打板球是永安國小最喜歡的課外活動。打球的時候，老師、學生大家一起來，連校長也不例外，因為人不夠嘛！打球的時候，一年級的小朋友，根本沒有敵情觀念，分不清敵我，只要得分的，她都非常高興。兩隊投手，都非常有人性，投給老師或高年級的，是最拿手的球路，投給中年級的，則是普通的下拋球，至於投給唯一的一年級同學，根本就是——滾球。

那一天剛好碰上學校的慶生活動，學校決定前往水庫南岸的家長會長家慶祝。在出發前，小朋友又得穿上他們的救生衣，高年級的幫低年級的穿，老師幫學生穿，因為住在南岸的小朋友每天都要練習，所以身手自然也比老師熟練。

船慢慢開往南岸，忽然有人望著水底說：「啊！我們正經過我們的家吔！」原來他們的家是在地勢較低的山谷裡面，水庫建好之後，就慢慢被水淹沒了。「你們怎麼還記得老家的位置呢？」「當然記得啊！水淺的時候，原本屋外的樹、土地公廟，還有我們家的屋頂都還會露出來。」他們說：「我們的家，現在變成水的家，也變成魚的家！」

翡翠水庫供應大台北區的所有自來水，但大多數的人可能都不知道，離水最近的一群村民，反而沒有機會享用這片原本是他們故鄉的水源，因為目前居民不多，而且住處分散，埋設自來水管線的經費過於龐大，所以即便到今天，他們喝的仍是山泉水。村長（高炳煌先生）有些自嘲、有些埋怨和無奈的說：「如果村民有些急症病痛，都要趕緊打電話叫水庫管理局趕快派船過來載，而我也要服務村民一直到醫院就醫，非常不方便，經常要延誤二、三小時就醫時間。」除了看病困難之外，這裡也沒有郵差、沒有商店，連最近的雜貨店，也要一個半小時的路程。不過住這裡也有優點，治安良好、路不拾遺、夜不閉戶，因為沒有小偷願意來，就是來了，也偷不到什麼，不夠工錢。

林姓兩兄弟擁有永安村最大的茶園，十幾歲做茶到現在，談起茶園的經營與茶葉的製作，有掩不住的自信與狂熱。問他製茶的技巧，他說：「一百個師父炒出來有一百種茶味，只要會香，任何方法都可以。」下山的時候，在另一處茶園遇到一位老伯伯，正在逐漸西斜的陽光下噴藥，我們問他：「這些茶什麼時候開始採？」「這些茶不能採了，是老茶樹了，而且這裡是管制區，再也不能翻種了。」「那你幹嘛還這麼勤勞除草、噴藥？」「啊！種個不死罷了！」

努力耕種只為了不讓它們死了，他是這麼說的。他的話好像解決了我們所有的疑問，畢竟土地有他們的根，所以就有留下來的理由吧！

留下買路錢！

我們常站在自己的立場想，只覺得自己工作非常辛苦，而全天下的人都比自己快樂，但經過這一次實際體驗後，至少自己以後在經過收費站的時候，會特別有耐心。

泰山收費站是民國六十三年七月三十日開始收費，當時每天經過這裡的車子才七千部，而現在每天是二十二萬部。二十二年來成長了二十六倍。收費站的小姐從本來的三十九人，增加到現在的九十人。從這個統計數字上，我們可看到台灣的汽車在這幾年間成長的驚人數量。從收費站的屋頂看下去，這裡不像高速公路，反而倒像一個停車場。星期四的午後，在這裡的車輛排成長長的一列，可能回堵到了三重了吧！工作人員半開玩笑的說：「好想開一個收費站哦！」

泰山收費站是全省高速公路每口收費最多的，而站長也是所有收費站站長中唯一的女性。

自己親身體驗收費站收費情形後，老實說，的確被那樣的工作環境嚇壞了。以前自己開車經過收費站時，老覺得收費小姐的動作真慢。自己實際工作一下才知道，她們除收費外，要把錢、票分類，還要把收據準備好，只要漏失一張，她們就得自己賠償。有些駕駛人會把代幣當做十元給她，甚至有人會把煙屁股、檳榔渣夾在錢裡，丟給她們。在如此嘈雜而悶熱的工作環境中，即便自己才做了十五分鐘，卻已汗流浹背。然而她們每一班的工作是兩小時，每天要工作八小時，其滋味可想而知。

我們常站在自己的立場想，只覺得自己工作非常辛苦，而全天下的人都比自己快樂，但經過這一次實際體驗後，至少自己以後在經過收費站的時候，會特別有耐心。

那天我問她們：「妳們最希望經過的人，對妳們有什麼表示？」她們說：「不用了！只要跟我們講一句：『小姐，辛苦了！』我們就很高興了，而且我們通常會記住那一個人的臉。」

要記住很多人的臉是不容易的事，所以大家都對她們說吧！

最寂寞的藝術家

我們也許可以在故宮看到很漂亮的瓷器，而我們也知道是某一個朝代的作品，但我們卻永遠不知道創作者是誰。

陶瓷工廠的畫室裡，許多人正安靜而忙碌的在陶土上畫著美麗的圖案，之後上釉後送至窯裡燒。鶯歌製作陶瓷大約已有三百年的歷史，小時候的童謠裡常會出現「鶯歌燒碗盤，瑞芳燒土炭」。

幾年來由於生活狀況改變，日常生活用品中，陶瓷逐漸被塑膠或金屬所取代。因此鶯歌的陶瓷業有一陣子沒落了。但近年來，有些人從中求新求變，用一種仿古或藝術創作的方式，替鶯歌陶瓷找到新的生路，有人把它叫做「現代官窯」。官窯的產品百年之後可能在蘇富比市場裡成為非常搶手而昂貴的藝術品，但它卻不像許多繪畫或文學創作者一樣，留下名字，這一點倒是滿寂寞的。我們也許可以在故宮看到很漂亮的瓷器，而我們也知道是某一個朝代的作品，但我們卻永遠不知道創作者是誰，這樣一個際遇到現在仍是一樣——一個安靜而始終寂寞的作者。

無怨無悔的動物園長

人生難得有幾次能這樣，想到什麼就去做。但是如果做下去了，不管怎麼樣，都要負責到底！

不久之前，一位住在樹林的觀眾朋友寫信來告訴我們說，他們家附近有一個很有錢的人，他家的院子很大，有游泳池、遊樂設施，而且養了很多動物。有傳言說，那一家人，連天鵝都殺來吃……。看著這樣的信，腦中第一個浮出的畫面，完全是漫畫版的，一個腦滿腸肥的傢伙，正看著眼前各種動物流口水，四隻腳的、兩隻腳的、沒有腳的、天上飛的、地上爬的……。也許因為有了這樣先入為主的想像，所以當我們第一眼看到這個人的時候，雖然很不敬，但是我必須承認，第一個感覺是他一定是這一家的老長工，早已習慣被威嚇、被壓迫，不然哪裡會這麼客氣？萬萬沒想到，他竟然就是主人——劉進發先生。

劉進發伯伯今年六十二歲，是這間私人動物園的主人。動物園開在半山腰上，整座園區的規模，包括游泳池、兒童樂園，再加上一棟度假休閒旅館和露營烤肉區，整個面積大約是七千坪，全部都是阿伯的財產，真正是粗本兼大手筆。

老實說，根據我們的觀察，老阿伯絕對不窮，他告訴我們，光是有錢人的符號——賓士轎車，他前前後後就換過十幾輛。後來因為愛動物，所以現在開的是「捷豹」，一種鐵做的，喝汽油，而且不太便宜的動物。

阿伯的家族事業是製磚，早年鼎盛時期一共有五間磚廠，分布全台各地，分別位於樹林、林口、龜山、龍潭和花蓮，在當時算是大戶人家，也是大地主。

阿伯年輕的時候對馬情有獨鍾，很喜歡跑馬，但是當時台灣的馬市場有限，所以阿伯一直很希望能夠自己養馬。民國六十二年，美國白雪馬戲團來台演出，阿伯主動接洽表示想買他們的馬，但是馬戲團說，不可以只買馬，要買的話就要全部的動物一起買。因為如果所有動物都賣掉的話，他們就可以省下一筆回程的運輸費。於是，花了台幣兩百八十六萬，阿伯真的把所有動物都買了下來，除了鍾情的二十五匹馬之外，還有二十六頭牛、三隻獅子、二隻老虎、三隻豹。買賣拍板定案後，大批的動物隊伍從現在已經拆掉的新店青潭游泳池附近一路浩浩蕩蕩開拔到樹林。不過由於還沒有幫所有動物蓋好欄舍，所以先暫時圈養，等到兩個月之後所有的設備完工，動物們才有了自己的新家，至此算是動物園的開始。

馬有了，其他動物也有了，阿伯的興趣也來了。除了申請動物進口專賣證，做起動物買賣生意之外，民國六十八年並且開始興建遊樂園等一切休閒設施，希望能將自己對動物的喜愛擴展出去。而現在眼前的規模，就是當時花了差不多兩千五百萬的成果。

儘管事前已經聯繫過，但是阿伯一看到我們，還是立刻就拿出當年的動物進口憑證，那種感覺似乎是想告訴我們：「這可是合法的，有立案的喔！」當年因為愛馬而將整個馬戲團的動物買下來，二十多年前一出手就是兩百八十六萬台幣，這樣的氣魄不是普通人做得到的。不過，要實現自己的夢想，能有家族事業的雄厚財力做後盾，或許是一個很重要的原因吧！

雖然花了大把銀子興建動物園和遊樂場，沒想到卻從來沒有正式營運過。當年劉伯伯曾經想過開放動物園讓小孩子進來玩、進來看，於是特地蓋了房舍讓它有動物園的樣子。但是小孩子常常不聽話，靠動物很近，經常讓進發伯擔心害怕，怕自己一番好意會發生意外。之後又面臨與法令不合，加上整座園區的管理、安全維護種種都是問題，於是劉伯伯決定收起來，大把銀子花了就算了，從此沒有對外開放，所有設施形同虛設，荒廢到現在。不過現在阿伯又開始將園區重新施工，動物重新隔離，說要讓早上游泳的人可以順便看動物。不過他強調來晨泳的都是會員，看動物是附贈，不用錢的。

阿溪是這個私人的後院動物園裡唯一的動物管理員，從清理籠子到餵食，都只有他一個人在做。拍攝過程中，只見他跟熊講話，跟老虎講話，跟駱駝講話，跟猩猩講得更多，唯獨不跟我們講，好像我們這幾個人類不算動物。每次逮到機會要拍他，他都說：「拍我做什麼？拍動物吧！動物比較好看……。」從來沒有學過動物養護，卻得照顧這麼多動物，問阿溪怎麼會的？他祭出九字真言：「『有樣學樣，沒樣自己想！』猴吃水果，老虎吃肉，人無所不忌，隨便吃！」這麼簡單的道理大家都懂吧！阿溪是這樣告訴我們的。問他，那動物如果生病了怎麼辦？他說，請醫生啊！市立動物園有專業的獸醫，一通電話服務就來。「愛動物的人都把動物當人對待！」阿溪補了一句。

二十多年下來，目前所看到的動物，有些是當初的動物繁殖生養的，有些是後來陸續買的。不過園裡的猩猩和猴子，大多是前一陣子保育聲浪大起的時候，有關單位在民間收來寄養的。所有動物一天就要吃掉六十斤雞肉，三頓的草料也只夠牠們一個月的咀嚼。光是「吃」這一項，一個月的開銷就要十五萬。寄養的動物，政府一年補助八萬，其他的全部吃自己。劉伯伯說不想去算了，算了頭會痛！笑一笑讓它去就好！「說我吃天鵝，我不被牠們吃掉就阿彌陀佛了！」他又補了一句。

進發伯雖然愛動物，可也沒忘記自己的兒子。他的兒子告訴我們，自己從小到大用的都是好東西，什麼也不缺。反而是爸爸，大概因為屬牛的關係，天生注定要服侍這些動物。他老實告訴我們，小時候覺得家裡有動物園很好玩，現在看到爸爸的樣子，覺得那對他真的是一個沉重的負擔。

當年為了配合開放動物園的計畫所修建的兒童樂園，如今只剩下纜車還勉強可以動。進發伯說那時候把動物園關了，遊樂器材就給附近的小孩免費使用，沒想到還是一樣，小孩子不聽話，車在動人照爬，摔過一個之後，索性連當初蓋好的一大片準備讓人休閒度假的別墅一起收了。進發伯還是那句老話：「愛人不成，反而害人，乾脆封了！」

為了二十五匹馬，索性買下一整個馬戲團的動物；又為了讓人家看動物，順便蓋遊樂場、蓋別墅。二十五年過後，最愛的馬賣給別人了，因為最愛，所以怕牠們受傷害，剩下的是當初順便買來的其他動物。遊樂園早就生鏽不動，別墅也廢棄了。最初的兩百八十六萬元花出去之後，又花了好幾個兩百八十六萬，如今每個月還要花上十五萬，但一切現在幾乎是空的。過眼繁華，問進發伯後不後悔？「不會啊！人生難得有幾次能這樣，想到什麼就去做。但是如果做下去了，不管怎麼樣，都要負責到底！」進發伯最後是這樣告訴我們的。

流浪狗的保母

狗媽筱惠為了照顧狗，辭掉報社的工作，專任流浪動物基金會義工。愛到最高點，絕對是一個不小的負擔。

在改變迅速的城市，像眼前這樣一塊雜亂的空地，不久之前還是許多違章建築的聚集地，如今它在等待變身，等待成為中和第四號公園。在這裡，身上掛著代表已經結紮標誌的小豆子，在這塊牠熟悉的土地上輕鬆的散著步。四年前牠還是一隻全身爛瘡、體無完膚的流浪狗，直到遇見鄭宣平和劉筱惠這對狗爸狗媽及狗醫師林緯立，才讓小豆子變成現在的健康模樣。

筱惠從小愛狗，宣平跟她結婚之後便也婦唱夫隨，愛屋及烏。狗爸媽還沒有小孩，所以他們夫妻把流浪狗當孩子養。不過，從我們的觀點來看，愛到最高點，絕對是一個不小的負擔。在他們的修車廠附近，管吃不管住但醫療全包的流浪狗有十二隻，「小豆子」和「小芝麻」便是其中之二。家裡包吃包住包醫療的又有十二隻，另外每天定時供應食物的遊犬總共大約有四十隻。這一大列浩浩蕩蕩的流浪狗一族，全得賴狗爸狗媽維生。

狗爸狗媽的家裡，不但屋裡屋外都是狗，連牆上貼的桌上放的也全部是狗。為了狗，筱惠辭掉報社美術編輯的工作，專任流浪動物基金會的義工。而宣平為了能有彈性的時間來配合筱惠，乾脆也辭掉排版的工作，改行自己開店修汽車。這不但是義氣，根本是——傻氣。沒想到宣平說，自己不但是狗腿族，另外還是網路族、火腿族，修車嘛，屬於「異族」。

犬子犬女既多，教育體系當然必須建立。狗爸狗媽採取的是嚴父慈母的傳統管教方式。公寓型的家裡有十二隻狗是一項艱鉅的任務，不僅對他們，而且有可能也成為鄰居的負擔。想想看一隻狗唱歌，其他十一隻合音的恐怖場面。於是嚴父宣平只好採取斯巴達式的嚴格管教——用BB槍。雖然聽起來有些嚇人，但是用BB槍管狗其實是威嚇作用大於實際功能。狗兒狗女一看狗爸持槍而入，當下一片肅靜，效果果然驚人。

狗除了分男女，也分階級，還有黨派。狗老大小白和球球、毛毛便號稱「三劍客」，兩隻狗兄弟對小白一向唯命是從。不過小白也頗有老大的風範，當宣平拿槍瞄準球球的時候，牠會「不怕死」的見義勇為挺身而出。這才叫做義氣！宣平替小白說。

養了一屋子的狗，狗毛很多，冷氣機的濾網根本來不及清理，壓縮機就因為這樣壞掉了。「狗男女這幾天可熱慘了……」筱惠說，語氣中不但沒有抱怨，甚至還有一種「抱歉」，真是讓我們傻了眼。

四十隻狗的飼料不算，光是狗罐頭一天就要吃掉四十罐，用傳統的開罐器每開一罐得動十一下，四十罐加起來就是四百四十下，我們光想到就手酸。宣平不忍心老婆每天這麼辛苦的開罐頭，所以買了一個電動開罐器給她。他說，筱惠以前老是嫌衣櫃裡的衣服少一件。但是現在，筱惠每天打開衣櫥換衣服時固定的口頭禪卻是：「哎，夠穿就好！」

「其實我覺得狗吃飯的開支還算好，最怕的就是有狗如果被虐待或者是生病的醫藥費，那個就不得了了！狗喔，不曉得什麼時候才可以開辦全民健保……」筱惠很認真的說。可是我們在心裡不禁暗暗的潑她冷水，在這個提倡全面撲殺野狗的時代，「全狗健保」?!哎，筱惠，妳別傻了！

狗爸爸鄭宣平的生計大業——汽車修理，在外人的眼裡看起來簡直像業餘。為了狗，隨時可以關門休息；甚至為狗醫生免費保養修理汽車，交換的是為屋裡屋外一堆狗看病結紮的醫藥費。像採訪的這一天，中午十二點不到，被狗媽媽筱惠暱稱為「小寶」的宣平就關門打烊準備結束今天的營業。因為下午狗媽有事。什麼事？那當然是狗事！

料理完家裡的狗，當然不能忽略外面的狗。雖然不供住，但是伙食可是都一樣。只是宣平在外面不能帶槍，所以管教上就顯得十分「虎落平陽」。而筱惠還是一樣愛心至上、噓寒問暖。他們在已經結紮的狗脖子上掛上一個黃項圈，讓清潔隊員知道這條狗已經結紮，就不會抓去撲殺。

午後，宣平得繼續開店做生意，而筱惠則是馬不停蹄的趕往鬧市。她當然不是去shopping買衣服，而是去賣狗書籌措流浪狗基金，目的是籌建一座保育場，好收留無家可歸的狗男女。把狗當心肝寵物的人很多，不過，愛流浪狗的人卻不多。從七月五號開始義賣到十七號當天，一共只賣出兩百多本書。筱惠依然不改樂觀本性，有些抱歉的說，書大部分都是靠工讀生賣出去的，自己才賣出個位數，不知道是不是跟自己的長相有關?!

她一邊努力促銷，一邊還抽空跟我們說，如果依這樣的進度，今年冬天保育場大概沒希望了。筱惠擔心的是流浪在外的那些狗會不會因此進了香肉店。說著說著，她忽然問我們，有沒有興趣養狗？想不想收留小豆子？我可以割愛，只要你們答應我會對牠好就好了……。剎那間，我們都不知道該說什麼，而筱惠的眼睛彷彿也看穿了我們，愛，人人都會說，但是一旦面臨伴隨愛而來的責任和道義，人，忽然就變得退縮懦弱了……。

以腳代手的口足畫家

從小我就被看習慣了！別說你們覺得奇怪，我第一次發現自己跟別人不一樣的時候，自己也覺得很奇怪……

一九九七年的第二天，我們約好跟維德見面，去看她畫畫，看她一天的生活。維德是一個從小就用腳代替手的畫家。她不但當初答應的爽快，面對鏡頭的時候，也比我們這些故作自在的人還自在。

或許是看出我們的不自在吧！她反而先告訴我們說：「沒關係啦！從小我就被看習慣了！別說你們覺得奇怪，我第一次發現自己跟別人不一樣的時候，自己也覺得很奇怪……」維德說完繼續她的工作、她的生活，似乎真的忘了我們的存在。

張媽媽在我們拍攝的時候，堅持不肯上鏡頭，說，拍維德就好了；說，維德今天能這麼獨立，都是靠她自己的努力。維德則說，媽媽不要客氣啦，然後一直感謝媽媽對她的貼心，把烤箱、微波爐擺的比較低，好方便她使用。不過她也開媽媽的玩笑說，烤麵包機的按鈕明明壞了也不拿去修理，卻放了一支螺絲起子當代用品，好像故意讓她在鏡頭面前表演特技……。

維德六個月大的時候感染了小兒痲痺，四肢裡面有三肢都萎縮了。所以從她懂事以來就自然而然的用腳在做事。不過，她強調說，自己出的是一腳之力，而媽媽則要幫她出右手左手還有右腳的力氣。

維德十六歲才上小學四年級，之前一直待在家裡。國中時她開始喜歡畫畫，畢業之後，經過一番惡補，考上復興美工念西畫。那時候由於家境不好，所以只能半工半讀，晚上上課，白天則擺地攤賣畫。她說，擺地攤的時候，她的攤子前面人總是特別多。不過老實說，看她的人比看畫的多。每次她都非常緊張，緊張的並不是人們看她的眼光，而是警察伯伯關愛的眼神；別的攤販看到警察可以跑，而她根本只能乖乖束手就擒。一次兩次警察伯伯還會法外施恩，不過次數一多，連她自己也會不好意思。後來維德加入了口足協會，生活才比較有保障。

維德的自然與豁達也表現在她某些堅持上。像她戴隱形眼鏡、化妝、擦口紅的時候就不讓我們拍，說，動作不好看，你們拍我好看的樣子嘛……完全是一派女孩子的嬌羞。請想像一下，戴隱形眼鏡、塗口紅這樣精巧的動作，她全部用腳完成。

「從小因為跟弟弟妹妹在一起，他們也都很習慣我用腳來做事，也不會覺得奇怪。小時候我還沒出去外面跟鄰居相處，還不曾接觸過那些異樣眼光的時候，我一直覺得我很正常啊！後來長大了，才會感覺到別人那些異樣的眼光。」

「我記得有一次我在一面很大的鏡子前面看自己，我才知道，其實自己看起來真的是滿奇怪的……」維德平靜的說著這一路走來的過程，但我們知道，那絕對不像她的語氣一般輕鬆。

那天出班前小組就講好，大夥兒只做單純的旁觀記錄。可是，每當看見她遇到一些小困難時，總有人會本能的衝過去幫忙，忘了大家工作前的約定，也顧不得鏡頭穿幫。維德笑著說：「你看，這個社會其實還滿有愛心的啊！」她說，雖然身邊永遠少不了異樣的眼光，但是也少不了許多貼心而且熱情的幫忙。

維德會開車，而且還有駕照，這是當初最讓我們感到不可思議的地方。維德自己倒覺得沒什麼。她說當初她自己也覺得這是一件「不可能的任務」，以前上學的時候，弟弟妹妹一定要跟她上同一個學校好每天幫忙她上下車，不然就是媽媽騎腳踏車載她上學。上高中的時候，個頭長大了，加上念美術科還要帶一些畫板畫具之類的東西，媽媽載不動，跌倒過好幾次。離開學校之後，維德改用計程車代步。不過，每到下雨天計程車不容易叫的日子，她自己又沒辦法撐傘，常常是出門淋了一身雨回來，那時候她就想，要是自己能開車就好了。

維德想學開車，想著想著就真的去學了，都忘了車子是設計給人用手開的。「我的車子因為是歐洲規格的，所以方向盤很重。再加上我的那個特製方向盤是上面原先的方向盤跟下面新裝的方向盤中間用一個齒輪帶動，等於說，我扳動下面的方向盤去帶動上面的方向盤，所以下面的方向盤會更重。尤其是在教練場那些S型，你要左轉到底、右轉到底，我那個時候練到腳底都破了一大塊皮……」

「但是我那個時候整個心思意念只在乎說，好不容易爭取到這樣一個機會，我一定要把駕照考出來！」維德說她因為信仰的關係，雖然學會用腳開車的技術，但是她還是堅持自己要拿到駕照才能上路。學會開車之後，很幸運的，維德找到一位楊志裕先生幫她改裝車子，幾經波折之後她又很幸運的爭取到監理處同意讓她用腳開車進場考照。於是乎她就很幸運的，不，應該說很理所當然的拿到國內第一張用腳開車的合法駕照。

「其實我很能夠接受別人那種無法體會或者不能肯定的心理，因為我的母親她那個時候也說，我到時候會開車的話她大概也不敢坐，可是她現在也坐得很快樂啊……」維德這樣告訴我們。

這一天是年假，維德跟朋友約好去朋友家吃飯聊天。我們跟著維德開車到朋友家。朋友家的電鈴是裝給一般人用的高度，我們正想知道維德怎麼用腳去按電鈴的時候，沒想到，她竟然非常自然的用「鼻子」按。維德的行為方式，也許就像工作人員所說的，完全「超乎你的想像」！

飯後，趁她跟朋友喝茶聊天時我們問她，還有沒有什麼事是她想做卻還沒有做到的？她認真的想一想，說，好像沒有耶！像前一陣子政府宣布殘障者可以去申請什麼輪椅啦補助津貼啦，她都覺得自己沒什麼需要。後來，她終於想到一樁。說考上駕照那一天，教練倒是給了她一個不錯的建議，要她再去考一個大客車駕照，這樣的話肯定更紅！「也許吧，一定滿好玩的喔！」維德說。

也許腳對維德來說本來就是手，也是她唯一的行動和謀生工具，所以對腳她完全是以手相待，每天家事或工作後，一定將它洗得乾乾淨淨，而且寶貝的替它抹上護手膏。不過維德也有隱憂，腳雖然能夠取代手，但是上帝對脊椎可不是這樣設計的。身體看起來柔軟得可以媲美體操選手的維德，因為長期過度彎曲，脊椎早就有點變形了。「可是沒辦法啊，誰叫我的手都長到腳上去了。」維德說。是的，維德的手長在腳上，所以出門的時候用腳開車，回到家用腳畫畫養活自己。我們感動也開心的看著維德愉快而豁達的過著日子，但是臨走之時，我們也沒有忘記她的隱憂。

想告訴維德一句話，維德，新年如意，不過別忘了，請多休息。

瑞芳大小粗坑集福社

大家都老了，老到好不容易湊在一起回到昔日的故鄉時，面對頹垣殘壁，漫漫荒山，竟然對自己的家和當年練習的場地都有記憶上的差異。

在台灣的行政區域上，你再也找不到這個地址了——台北縣瑞芳鎮大山里。這是我的故鄉，它已經被遺棄十八年了。從一九七八年廢村到現在，要不是最近一些老人思鄉心切，抽空清理出昔日的山路，事實上，這個村子早已被荒草湮沒了。

雖然是被荒草湮沒的村子，但昔日繁盛的記憶和村人們彼此間的感情，卻不因為年歲、或多年來南北離散而淡薄。

而多年來，維繫著這一群人這種情感的，除了是往日礦區生活死生一命和貧窮歲月相濡以沫的記憶之外，具體的是，這個已然不存在的村子，卻仍存在著一個屬於自己的「樂隊」，或稱「陣頭」——集福社。

就像大山里這個村子，是因為發現黃金礦脈因此一夕成村一樣，這個「陣頭」的形成也充滿傳奇，或說，充滿某種啟示。

四、五十年前，大山里因盛產黃金而富極一時。當時全村大約兩百戶人家，每年大拜拜，村民都集資請來外地的陣頭熱鬧一番，臨走還附贈十六兩黃金打造的錦旗一面。然而，有一年，村子裡好不容易請來媽祖，村中的意見領袖（俗稱「頭人」）拜託聘來的陣頭多留一天，以便翌日送媽祖回家，誰知道酒足飯飽，一斤黃金打造的錦旗也打包完畢的外地陣頭卻沒人肯留。村中的頭人一氣之下，集資請來子弟戲的老師，並召集村中十四歲以上的少年學戲，先學外場再學內場，拼的是礦山人求人不如求己的氣魄，「大粗坑集福社」於焉成立。

當年的少年，如今都已是六、七十歲的人了，但講起當年往事卻依舊血脈賁張。說少年們為了不讓村子失體面，每個人幾乎每天下工之後就賣命的學，做工的時候，甚至還忘情地用手在大腿上打拍子。說大夥幾乎是邊學邊出陣，記得第一次出陣的時候，因為學會的曲牌很少，被外地陣頭修理得很慘，但第二年開始就修理別人了。

學成之後，四、五十年來替村子迎進無數的神明、迎進無數的新娘；送許多村子的孩子們風風光光地去當兵；當然，也送走許多親朋好友，甚至集福社自己的藝員上山頭。

現在，大家都老了，老到好不容易湊在一起回到昔日的故鄉時，面對頹垣殘壁，漫漫荒山，竟然對自己的家和當年練習的場地都有記憶上的差異。

老了，但團體可不能散，因為「集福社」成了台北縣瑞芳鎮大山里唯一的、具體的標記。幾年前，當他們發現病、老、以及死亡即將讓嗩吶鑼鼓成為絕響的時候，他們跟鄰近的小粗坑、大竿林，以及柑腳的子弟戲班聯合組成「瑞芳集福社」。目的單純，老話一句──團體不能散，集福社一散，大粗坑人幾十年來一如家人的感情也就散了。

一九九七年五月的某一個早晨，集福社的團員們再度聚集，他們分別從台北、基隆、汐止、瑞芳……各地趕到金瓜石，他們趕來送另外一個昔日的村人走他人生最後一段路程。

不過，請讓我偷偷告訴你，這一群穿著整齊的制服，正認認真真地吹著嗩吶敲著鑼鼓的人的某些實情：主嗩吶手李春叔的肺臟早已因為罹患矽肺割掉一葉；矮仔生阿叔身體狀況也不好，他跟我們說，吃了一陣子的藥，才去做了一天工，沒想到就受不了了……。

這樣的一群人，卻只要接到出陣的電話，依然衣著光鮮地全員到齊。唯一理由仍是──集福社不能散，散了，大粗坑人就散了。

想起好久好久以前一部電影裡的對白，電影叫《再見阿郎》吧，白景瑞導演的作品，裡頭一個年老的樂師，在送葬的行列中，忽然自言自語地說：「今天，我們替人家吹吹打打的，哪一天，我們老了，誰替我們吹吹打打……。」

是啊，叔叔伯伯們，我們這一代可都沒有學，你們也都不曾教……。

算了，不想明天的事了，想想相聚的喜樂吧！

每年農曆三月，集福社會發出「召集令」，大粗坑人南南北北趕回來參加環島進香團，這可是村人們一年一度的大集合。不能回來的人也會寄點錢，託大家買一些金炮燭，或者零食冷飲，表示精神與大家同在。

大家見面，回憶依然是主題。回憶有淚水的滋潤，也有微笑的撫慰。見面的話題雖然老是重複，卻老是有新意，特別是有外人在場，媽媽們個個都人來瘋似的數落著當年大家不約而同大著肚子上工的事。說我出生的那一年是龍年，大粗坑兩百多戶，那一年男男女女一共生了五十三個等等這類對別人無意義、對她們來說是難忘的生命記憶的事。

所有的大粗坑人排好隊整整齊齊的走到廟前，我們有集福社四十年來的樂聲做前導，光光鮮鮮熱熱鬧鬧。如果我們不說，大概沒有人知道，這是一群已然離散十八年，已然沒有故鄉的人。但只因為集福社還在，所以我們一直是一家人。只是這一家人，好像愈來愈少了。大粗坑下一代的朋友們，如果你跟我有同樣的感覺，集福社的叔叔伯伯有交代，說大粗坑的路現在整理得不錯，叫大家要找機會回大粗坑一次。趁現在叔叔伯伯鼓吹還吹得動，他們要扮仙讓你們聽聽看。心裡若還有「大粗坑」這三個字的人，請通知讓我「矮仔欽」知道。

「矮仔欽」等你們來！

三峽插角里的礦坑世界

卡鐘顯示的是冒險開始的時間，而黃昏交回的救生包或是電池燈就像是安全歸來的戰利品。

一九九七年一月二十四日早上六點，三峽插角里的利豐煤礦礦場最溫暖的角落，莫過於宿舍的廚房。從小就在礦區長大、工作的阿嬷，已做好早點，等著從外地來住在宿舍的老礦工們進來，儲備一天的熱量。

早餐吃進肚子，午餐掛在腰間，這一群自稱「末代黑社會弟兄」或者「地下工作人員」就準備度過不見天日的另外一天。礦場經理周宜村先生說：「我們在採礦的時候，以前工人的時代都叫礦工，現在我們叫『礦公』——阿公級的。現在的阿公級的，阿嬷級的老礦工們，沒有後輩來接……。在以前都是阿公傳給阿爸，阿爸再傳給兒子，現在少年人沒有人願做這行了……。」

七點多，這一群老「礦公」打完卡，逐一領取救生包、電池燈，抽完入坑前最後一根香菸，開始清點人數。救生包、電池燈出坑的時候要交還，只要缺一個，就表示有人還在礦坑裡。卡鐘顯示的是冒險開始的時間，而黃昏交回的救生包或是電池燈就像是安全歸來的戰利品。

利豐煤礦和台灣其他煤礦一樣，由絢爛而趨平淡。最盛期工人有兩百四十六人，而如今只剩下一半——一百二十六人，平均年齡五十四歲。不過即便是看起來這麼不忍的數字，某方面卻仍是驕傲。因為它是全台灣僅存的四大煤礦之一，而且據說是最現代化的一個。

礦車慢慢下坑了！利豐煤礦現代化的證據之一是他們竟然肯讓我們小組兩個穿裙子的「第二性」進坑，雖然當天她們穿的是褲子，但看在從小熟悉礦坑禁忌的我的眼中，那真是夠破天荒了。

監工林振行說：「一進坑口，每下一百多公尺溫度就上升一度，這裡已經是地下三百多公尺，則多三度。夏天外面假如二十七度，這裡面就變成三十度……。」礦車直下五百公尺，溫度從坑口的寒冬慢慢變成晚春。溫度和濕度都很高的工作環境裡，礦工有時候乾脆是脫光了幹活。不過今天我們看到的基本上都還穿著內褲。他們的理由是現在大部分都由機械取代人力，所以穿內褲還撐得住。但根據觀察，主因是今天有女性在場，因為大夥的內褲穿得很意思意思，該露的還是都露了。

上層的煤巷很窄，怕影響他們工作，我們不上去了。沒拍到他們窩在只能斜躺或半蹲的凹凹裡挖煤的「英姿」是一大遺憾。然而在微弱的光影下，看著半棵的人們飄進飄出，聽著坑內吆喝聲音若隱若現，工作人員說像在看一部品質很差的黑白電影。而我們是只能勉強感同，卻無法身受的觀眾。

坑內的「礦公」們辛苦挖出來的煤，出坑後輪到坑外的「礦嬤」們處理。她們要選煤、洗煤。「礦公」和「礦嬤」分工合作，差別是男主內、女主外。

許多礦工們在幾年前建築業景氣的時候曾經改行，但很多人因為不習慣工作環境，而又回來。不習慣高空作業，不習慣太陽。就像父親他們說：「我們是黑社會弟兄，是地下工作人員。」

這裡是礦坑內許多支坑的盡頭。採煤的負責採煤，而負責「石部」的礦工，他們是專門跟堅硬的石頭對幹，負責一尺一尺的開鑿岩層，尋找煤的所在。由於是新鑿開的洞，安全坑木才在架設，隨時都有落石的聲音傳來。拍攝小組似乎連講話呼吸都不敢用力，怕聲音震怒了頭頂的石頭。工作人員彼此互相安慰說：沒關係，製作人幫我們保了意外險，然而轉頭處卻看到他們若無其事的準備用俗稱「鴨頭」的鑽洞機在岩壁上順著石頭的走向鑿洞，準備埋放炸藥，下班前引爆明天上班清走爆開的石頭，然後礦坑又接近地心一步。

下午一點多是早班的礦工們準備出坑的時間。坑口的繩子一拉，坑內接到訊號，早班最後一趟煤車開始放行。為了避免煤灰在坑內飛揚，一車車的煤在運走之前，都灑了水。灑了水的煤看起來是烏黑晶亮，然而出坑的礦工，一個個看起來卻是烏黑而疲憊，但是眼神卻都顯得自在。疲憊是因為平均年齡都已經是五十四歲的人了，而自在是一輩子相同的工作之後，現在無力也無能改變的那種認命。

礦工出坑之後第一件事是洗澡。洗澡對礦工們來說除了清潔，還給自己原本的面貌之外，我自己常覺得彷彿有著另一種儀式的意味，是洗塵，是走過一段險路之後的消災去厄，是一種重生。這是我自己的感覺。

監工林振行說：「做礦工真的很辛苦。以前做礦工的人說，早上要出門，肩上扛著鋤頭，心裡想著，要是出去是死一個，要是不出去，家裡一大群，是死一家子⋯⋯。以前做礦工是天未亮，沒看到路就要走，像從三峽走到這裡就要一個多小時，晚上還要走回去。家裡的人看天黑啦，就在門口等啊！看啊！擔心家裡的人還沒有回來⋯⋯。」林先生指著另一位礦工說：「他七歲時，他的爸媽帶他去算命，算命的人說他有戴帽子的命。以前戴帽子是當官，想不到長大卻戴安全帽⋯⋯。」

在一片漆黑的環境裡，坑外軌道旁礦工們自己種的芥菜顯得特別翠綠。他們摘下來說準備過年的時候煮長年菜。在連呼吸都充滿煤味的黑暗世界裡，芥菜的綠是我們唯一記得的顏色。

洗好澡的礦工們慢慢散去，礦場又慢慢安靜下來。我們當了一天的觀眾，也該走了。工作人員忽然說：「奇怪！今天怎麼過得特別快！」是特別快，黑暗接著黑暗，竟然也是一天。想起曹禹的劇本裡面一句話，也許像礦工生活，那句對白是這麼說的：「啊！太陽起來了⋯⋯太陽，不是我們的。」

平溪放天燈

天燈要升空了，雖然還不到元宵，是提早放，但畢竟是小孩子的願望。明天是天公生，天公應該會笑著接受。笑著讓他們的願望率先實現。

一九九七年二月十四日，情人節這一天，十分寮照樣下雨。雨中黑色的烏雲、煤車，伴著濕濕的油光鐵軌，偶爾撐傘慢慢飄動的人影，這彷彿是對十分寮永恆的印象。多雨，或許是地形上的關係。記得地理課本中寫著的，全台灣年平均雨量最多的火燒寮就在附近。而蒼老、沉寂，人一進去裡頭，似乎就跟著莫名憂傷起來的奇特氛圍，則是煤業蕭條後的寧靜。

情人節不是假日，情人不會到十分寮來，所以看不到玫瑰花、巧克力，聽不到年輕人的笑語。但對老人來說，明天可是重要的節日——天公生。

十分，或許是許多電影、電視劇、MTV，甚至廣告的場景。加上原有的十分大瀑布，近年來，觀光成了另一種特色。除此之外，當地一些有心的朋友，在這幾年，硬是把天燈，這種特殊的民俗給推廣起來。不知何時，甚至有了「南蜂炮，北天燈」的說法。

天燈會的胡民樹先生，趕在元宵節之前，到十分國小教小朋友天燈的由來和製作方法。胡先生志在傳承，但台上他說得認真，台下則聽者藐藐，剪指甲、打瞌睡。不過胡先生似乎也不必失望，小朋友愛動手，只要他們做起來有興趣，天燈的由來、歷史，他們自然慢慢會懂。

天燈的原理其實就是熱氣球，所以燈體絕對不能有破洞。天燈的棉紙雖然經過改良，較以前更薄、更輕，而且不易破，但落在這些動作遠比神經傳達速度要快上好幾倍的小孩子手上，任何一個地方都有可能破。大人緊張的四處來回檢查，但對他們來說，破，好像也是一種樂趣，一種經驗。

好不容易才弄好的天燈，總要寄託給它一個大願望。彥廷小朋友說希望考試第一名，所以把願望直接寫在天燈上，但連考試的試都寫錯了，這……恐怕滿難的，不過畢竟也是個願望。

天燈要升空了，雖然還不到元宵，是提早放，但畢竟是小孩子的願望。明天是天公生，天公應該會笑著接受。笑著讓他們的願望率先實現。

元宵節早上，我們再度來到平溪鄉，由於怕晚上將陷入蜂擁而至的車流，我們是從菁桐，搭平溪支線的火車到十分。也許還是白天吧！整個車站空盪盪的，火車內也是空盪盪的，除了工作人員和我，只有一個乘客。

沿線掠過的風景，工作人員說讓他們想起侯孝賢的電影。我們在菁桐才慶幸說今天難得好天，沒想到一到十分不久，雨，就照樣慇勤地下了起來。或許很久沒有看過還在開採的煤礦，我特地繞道帶工作人員去重溫舊夢，沒想到，他們元宵休假，礦場顯得比十分還要寂寞。

熟悉的場景，熟悉的味道，我很想跟工作人員說，火車讓你們想到的是電影，而此刻我想到的是父親和他的朋友們，還有他們曾經的地底生涯。但最後還是沒說。

平溪鄉對外交通，最早所依賴的就是目前這條已然變成觀光路線的平溪支線鐵路。其實這條鐵路當初是台陽礦業所建的，專門用來運送煤炭。民國十八年賣給了當時的總督府鐵道部，同時加掛客車。由於當時只是礦區的運煤鐵路，居民和運煤火車相安無事和平相處。鐵路，只是門口的一部分。別的地方是人讓火車，而在這裡是人車相體貼。

阿猜大姊二、三十年來隨身帶著口哨，看守著山洞口，巡路，負責過路人的安全。她開朗而率真的言語與笑聲，讓人打從心底歡喜和感動。阿猜大姊今天暫時不當義務巡路員，她說難得元宵放天燈，等了一年就是等今天，平時生氣歸生氣，錢，多少也要賺。不僅阿猜大姊要賺，整個十分街上，似乎也都為了這個特別的晚上而忙碌著。家家戶戶，老老小小，全體動員，而所準備的商品，似乎只有唯一一種，叫做天燈。他們笑著說：「這個晚上，整個十分，所有的人都在放天燈，只有一種人不放天燈，那就是十分人，因為，我們賣天燈。」

黃昏到了，雨下得更大了，但加班車載來更多的人。人手一個天燈，老闆個個眉開眼笑，只是價錢不太一樣，客人憑運氣，有的一個兩百五，有的一個一百三。買了燈，密密麻麻寫下自己的願望。最多的是跟彥廷一樣，無非是考上研究所、高考及格、順利畢業、補考過關的，所求的似乎不多，好像只要學業順利就阿彌陀佛。不過也有要戀愛成功找到老公的，甚至我們還看到一個姑娘，要求分手乾脆，不要拖泥帶水。

願望寫就，天燈點燃，熱氣一足，所有的天燈都將同時應聲而上，不管它承載了多大的願望，天燈都將義無反顧的替大家帶上，直達天聽。

天燈升天了，看起來像是雨夜之後突然出現的點點繁星，心裡多少有一點感動。很想祝福所有的男男女女，老老少少，歡喜自在，歲月無驚，學業順利，戀愛成功。當然也祝福那位姑娘和她的男友分手乾脆，不拖泥帶水。

桃園

❀身在斯土，心在何處？
❀和泰雅列祖列宗溝通的義大利人
❀空中花園
❀自由無邊的殘障技師

身在斯土，心在何處？

「用擲筊問他願不願意呀！」或許我們應該派一個人民代表用這個方式問他吧！

很多人應該都來過此地吧！在五十年前，這位在此長眠的蔣總統大概從來沒想到他會在這個小島上過世。就像在當兵時（民國六十四年時），多數人從來不會相信總統會過世一般。不過，現在所有人都在爭論說，他是不是應該從這裡回到浙江省奉化縣去？其實他自己沒半點主張。台灣人民四十年來跟他一起在這個地方奮鬥，在他長眠之後，忽然間說走就走，所有人好像都有被遺棄的感覺。家母說：「移不移靈，好像是別人的決定，為什麼不問問看他呢？」「怎麼問呢？」「用擲筊問他願不願意呀！」或許我們應該派一個人民代表用這個方式問他吧！

和泰雅列祖列宗溝通的義大利人

外面的環境老覺得不安定，回來比較實在，有安全感，至少小孩子也比較不會學壞……

車子進入復興鄉復興村時，路邊原本單調的水泥護欄突然搶眼而鮮豔起來。之後不僅是護欄，甚至連電線桿、行道樹，以及復興村內所有店鋪的門面、雨棚也都畫滿了幾乎相同的圖案與花紋。有人問：「這是泰雅族的圖案嗎？」好像也沒有人敢有肯定的回答。下車之後，看到包裝型態根本像同一家工廠集中生產的竹筒飯時，我們很難馬上把它和泰雅族聯想起來。不知幸或不幸，心裡的疑惑也在下車之後馬上得到解答。一位婦人說：「現在山地人大都住在外面，這裡反而大部分是平地人過來做生意，過來住，所以有人就把我們當做山地人，甚至有人問我們怎麼都會說台灣話，我說，我們本來就是台灣人呀！」

滿街滿路的圖案，平地人製造販賣的竹筒飯，這一切完全符合平地人對原住民的想像，甚至還讓平地的行政人員得意的覺得對原住民有了關懷、有了幫贊的商業運作，對真正的泰雅人來說，卻反而一點關係也沒有。

就在這一座沒有鮮豔彩繪的教堂裡，從全省各地回來的泰雅兄弟姊妹們正安靜的聚在這裡舉行他們一年一度的豐年祭。這樣的豐年祭沒有小米酒，沒有傳統服裝，沒有徹夜歌舞，沒有觀光客和作秀的政客，這一切似乎都因為脫離我們對原住民豐年祭的想像，所以對在教堂舉行豐年祭這件事，一直覺得不對勁。後來我們發現，教堂裡的詩班必須分別以泰雅母語以及國語練唱時，我們終於知道在寫著PINSBKAN，（泰雅語的意思是：一切起源的地方），在寫著有意義的泰雅文字的地方，在設有泰雅列祖列宗神位的天主教教堂裡，用最虔誠的心感謝上天和祖先，在這一年來的賜予，對泰雅的兄弟姊妹來說是最好不過了，因為在這裡，他們有一個能用他們的母語替不會講母語的年輕泰雅人直接跟上天跟列祖列宗溝通的神父——巴義慈神父。

巴義慈神父（一九六六年六月來台至今）說：「在山地部落中跑三十二年了，以前從三民到光復都是用走的，每天要走五、六個小時的路，早上出發，下午就到了……」早上出發，下午就到了，三十幾年來，滿山遍野跑下來，泰雅人在生活上早就習慣巴神父的存在，像家人一樣的存在。可是在精神上，有些人卻把他放在極高的位子上。因為三十幾年來，巴神父不僅是他們信仰上的依靠，更重要的是巴神父重新建立了泰雅人在自己文化上的自尊。

一位泰雅弟兄說：「過去沒有巴神父在時，走路好像怕看到鬼一樣，他一來，好像把魔鬼驅走了，也保護家裡平安……，在基本的立場上，他雖然還是外國人，但在感覺上，他等於是我們泰雅族裡的一個神，教我們小孩很多道理……」明知道他是一位外國神父，卻被尊稱做泰雅人的神，乍聽之下，覺得會有某種程度的不舒服吧！但是如果你是一個泰雅人，有一天，當一個外國神父竟然能從自己都不了解的圖案中判讀出祖先的歷史和你們的話語時，將會如何看待這樣一個人？你一定會說：「好神呀！」

巴神父說：「泰雅人常在說話中混有一個字叫『BIRU』，BIRU的意思就是一些字體，或稱為『書』，但一般人都不懂。因為山地人沒有書，沒有文字，因此我懷疑，如果沒有文字，怎麼會有BIRU這個話。一直想問也不知道問誰？問男生，男生回答：『我們沒有文字。』我問婦女，婦女回答：『BIRU就是BIRU，就是織在布裡面，有很多花紋，就是BIRU，就是泰雅人的書。』／（一）、╲（二）、V（三）、N（四）、И（五）、◇（六）、◈（七）、⋙（八）、⟐（九）……，從布的織紋中可以看到MA LA HU，就是酋長的意思，所以這件織有MA LA HU的衣服不可以隨便穿，只有酋長能穿。」

或許巴神父這樣的發現給了族人某種無形的自信吧！泰雅老婦YAKI的媳婦，這幾年來正認真的重新學習織布。她說日據時代日本人禁止泰雅人織布，理由是織布浪費時間，耕作生產比較重要。現在想起來，都是藉口吧！真正的目的，應該是不讓泰雅有文字、有紀錄、有文化。婆婆老了，能學的可得趕快學起來，不然泰雅真的什麼都沒有了，她說何況現在還有巴神父幫忙。

三十幾年就這樣過去了，如果說巴神父有什麼改變，那一定是年紀和體力吧！不過幸運的是現在有車子，南來北往不必光靠兩條腿，可是就像泰雅家長的他，該做的事、給意見的瑣事卻愈來愈多。那天午後，我們跟他去看一個剛從台北板橋搬回來的原住民家庭。他們搬回來的理由非常單純：「外面的環境老覺得不安定，回來比較實在，有安全感，至少小孩子也比較不會學壞……」是什麼東西讓他們對這個地方重新有了安全感？他們並沒說，但是我們感覺到，是一種對自己族群身分的自信吧！

一位泰雅小朋友說：「我和哥哥都不想學泰雅話，因為太難了……，而且媽媽也沒教我們……」巴神父笑說著：「不急、不急，慢慢來，對自己文化有了自信之後，語言總是最先回來的東西，畢竟它是文化之母嘛！」小朋友的母親說：「以前都不敢對外人承認我們是山地人，好像會給別人看不起，自己都不敢講，也就這樣慢慢疏遠了自己的文化，更沒想到要去學。現在巴神父又開始啟發我們原住民語言，教我們小孩說母語……，我是原住民，我現在可以很大膽的講，我覺得我們可以站起來了……」

那個下午，巴神父可真忙，一路上他還抽空去和附近旅舍的老闆討論泰雅母語的羅馬拼音問題。就如他所說的：「族群文化的重建是眾人的事情，能做什麼就做什麼，我不是專家學者，噢！我只是幸運地在這裡跟泰雅的朋友相處比較久而已……」

傍晚，神父回到教堂，早就有人等在那裡了。原來是一位女孩子吸安非他命，家裡想送她去勒戒所治療，可是又怕警察知道了先抓她，所以想請神父幫忙帶她去……。神父還在思考這個問題怎麼解決的時候，門外卻又有人探頭了，也許看到裡面有人吧！他們坐下來靜靜地等。三十幾年來，巴神父好像早就習慣了這樣的日子吧！給泰雅的朋友們宗教的慰藉，也給他們文化的自信。

早在一九六八年，巴神父就曾經成立了一個聖加蘭合唱團，讓一些年輕人唱泰雅族傳統歌曲，還企圖灌成唱片，以便保存流傳。誰知道，唱片還在工廠裡，就全部被沒收了。三十年後的今天，文建會主動提撥經費贊助這樣的工作。對於這樣的轉變，巴神父心喜卻又惋惜，他說：「如果三十年前就能做的話，我們就可以留下更多了。」可是後來他還是說：「啊！不遲！不遲！」一如他一向的自信。

傍晚七點，天全暗了，除了幾個還不想回家吃飯的小孩之外，教堂終於安靜下來。雖然沒有人了，巴神父還是一如三十年來的每一天，在天黑的時候，把教堂內外的燈全部點亮，有時半小時，有時一小時；像山村裡的燈塔吧！讓所有的人都看得到它，隨時讓人感覺它的存在，讓人安心。安心就是外在有依靠，而內在有自信。

離開之前，工作人員問神父：「神父，你退休之後要留在台灣，還是要回義大利？」他說：「退休呀！我就到天堂去了！」淺淺的一句話，令人動容，一輩子把自己奉獻給台灣，奉獻給泰雅族的朋友們！感謝巴神父！

空中花園

他只簡單的講了一句話：「因為我相信我可以做成！」「相信」這兩個字是如此的有力量。

幾年前聽一個朋友說了一個故事：有位先生在四十多歲的年紀時？放棄了所有東西，跑到山上種花，而那時山上沒有水、沒有電，也沒有路，工具、一切的東西都要揹上山。他住在山洞中，吃保久乳及餅乾，把自己丟在山上，然後在山上種花，至今二十一年。這其中有十六年他都在改良土質及品種，沒有半點收入。後來有人上山拍了這位先生，有人問他：「為何有如此的勇氣到山上種花？」他只簡單的講了一句話：「因為我相信我可以做成！」「相信」這兩個字是如此的有力量。

因為相信了，所以就有力量。

初夏是天山農場忙碌的開始，百子蓮、炮聖花、火炬百合、彩色海芋及香水百合……都將陸續開放。美麗、豐饒好像是初夏時節天山農場的面貌，但是如果這樣的面貌是一個人用二十一年的時間換來的，而這其中有十六年的時間都只是在做改良土質、改良品種的工作，只有支出沒有收入的狀況下度過，面對這樣的人，你能說什麼呢？

二十一年前，四十多歲的錢飛清先生放下他原來的工作，從山下獨自步行四個小時到達這片山林時，唯一的企圖竟然只是完成自己務農的願望。步行四小時是因為當時這片山林沒有路、沒有水和電。開始時，他住在山洞裡，靠吃保久乳和餅乾過日子，目的只是要種出好東西。以錢先生的說法，所謂的好東西就是別人沒有種過的或是種出比別人更好的東西。為了種出好東西，二十一年來他的確做到了。他改良了原本貧瘠的山地，改良了無數的花種，種出許多台灣沒有看過的花，某些花甚至連原產地，如荷蘭、南非的農藝專家都自嘆弗如，可是唯一沒有改變的，卻是他自己的生活方式和近乎頑固的工作態度。

常常經過十幾年的等待，只為了一朵花開。如果等待十年之後失敗怎麼辦？他說：「失敗，就重頭再來！」這樣說著的他好像忘了得失，忘了投資報酬率，甚至忘了年紀，忘記了一切我們所在意的東西。

七月中旬，即將開始採收的香水百合，是天山農場的代表作之一。成株的時候，花莖高達二公尺，花朵直徑最大達四十五公分，每株花最多開花的數量將近三十朵。幾年前在國外專家的建議下，曾經申請列人金氏世界紀錄，然而栽培出這樣花種的錢先生，不是博士，沒有任何國家補助。得過優秀農民獎狀的他，身分證上甚至連農民都不是，沒有資格購買農地，這也是台灣另一種奇蹟或是生命力吧！但即使是這樣荒謬的事，他好像也不在意，也許就像他那些泰雅族的鄰居朋友說的：「為了花，他連吃穿都不在意了，哪有時間在意這些？」

原產在南非的百子蓮在早晨炙熱的陽光下盛開著，經過幾年的栽培，今年是第二次收穫。錢先生用那近乎膜拜的姿勢，一支一支採收著花朵時，我們意外的在他的臉上看到了笑容。他驕傲的告訴我們：「如果在花市或花藝店看到百子蓮，最好看的一定是從這裡出去的！」說著，我們看到他那自信而又有些靦腆的笑容。

二十一年前，錢先生因為喜歡農事工作而到山上來，起初是種植蘋果、水蜜桃，但之後看到許多進口的東西多又便宜，毅然決然改種花卉。他種過的花卉，差不多有七百多種，失敗率是百分之九十九。他自嘲的說：「失敗沒有關係，因為這輩子都在失敗中，好像也沒成功過。」自認為一生失敗，卻為百分之一的成功機會而努力工作著，面對這樣的人，除了沉默與敬意之外，自己不知道能說什麼？

上午十點半，天空的太陽已經探出整個臉了，工作人員主動下田幫忙採收。一小時之後，所有的人終於知道，採花絕對不是一件浪漫的事，不是電影或ＭＴＶ裡那種可以邊採邊唱歌的感受。

如果美麗是要付出代價的話，為了這一山的美麗，錢先生不只付出二十一年的時間，甚至連兒女的青春都賭上去了。錢怡伶小姐是錢先生的女兒，七、八年前辭去中正機場的工作，上山幫忙，如今她是天山農場的內政、交通、外交兼貿易部長。錢小姐不但要種花、摘花、操持家務，每三天她還得開著四輪傳動的貨車下山交花。單趟將近四小時顛簸的路程，對她來說只不過是生活的一部分。錢勇誠先生是錢先生的兒子，退伍之後也上山和父親一起工作。除了花卉之外，他還試種金萱茶，目前已開始採收了。被姊姊開玩笑叫做「老闆」的他，沉默而害羞，問他會一直留在山上嗎？他肯定的回答：「會啊！喜歡種東西呀！」這樣說著的勇誠，口氣與表情一如錢飛清先生。

當姊弟二人被問及婚姻的問題時，他們表示「一切隨緣」，此時的錢先生只是沉默的笑著。

午後二點，農場的工作仍不能停歇，一家三口忙著將採收的花浸入營養液，然後分級包裝，好讓怡伶在日落之前送下山。一部分在午夜時送到濱江花市批售，另一部分則送到台北某些飯店或花藝店。然後在車上小睡一下，再度開車趕上山，繼續和父親、弟弟開始另一天的工作。

怡伶以外交兼貿易部長的身分下山之後，農場的工作也仍未結束。經過一天的日曬，部分的炮聖花都盛開了，勇誠與父親必須在日落之前將它採收完畢，處理妥當，放入冰箱中保鮮，因為只要過了一夜，盛開的炮聖花就會凋萎。

姊姊不在，弟弟可以取代她成為內政部長，打掃內外、煮晚飯，以便餵飽父親及自己，還有一群一直與他們做伴的貓。山上的電視壞了很久，也沒空修理，工作人員用應急的方法幫他們弄好了，父子倆難得有了與外頭世界接觸的機會。當電視中報導著某個藝人結婚的消息，滿室的鮮花，如果這其中有炮聖花或百子蓮、海芋等，一如錢先生所說的，最好的花一定是從天山農場出去的吧！因為在天山上的每一朵花裡，都有著他們三人的青春在裡頭。

在台灣已經很少有人把一個願望擺在十年或十五年之後了，那樣的成就與利益都是眼前看不見的，唯有用時間去拚鬥，成功最好，即使失敗也認了。台灣的可愛就是還有這些傻人，有人把青春放在山上做賭注，所以在台灣海拔一千八百公尺的山上，可以看到那樣令人欣喜的美麗。

向天山農場的錢先生、怡伶小姐、勇誠先生致敬。

自由無邊的殘障技師

殘障者不管參加什麼考試都有優待加分，但是考駕照絕對和一般人沒有兩樣。因為不管你是不是殘障者，路上所有的風險都完全一樣。

拍完口足畫家維德那一天回到公司之後，小組成員異口同聲的說，非要去探訪一下替維德改裝車子的奇才不可，因為沒有他，維德的世界便不可能如此寬廣。就這樣，幾天後，我們來到桃園的「振興鐵工廠」，見到這位專門替殘障朋友重新找回「行的便利」的大師——楊志裕先生。

振興鐵工廠本來是志裕父親留下來的招牌，志裕怕人家誤會說他故意沾台北振興醫院的光，所以乾脆把名字給改了。

志裕十四、五歲的時候得了小兒痲痺症，下半身因而癱瘓。不過，當時家裡除了他之外還有八個兄弟等著長大，忙於賺錢的爸媽根本沒辦法隨身照顧，更甭說揹他上下學了。所以從小志裕就只好待在開鐵工廠的家裡，邊看爸爸工作邊學。正好二哥學的是機械，志裕反正也沒有地方去，在家裡就會拿二哥的書來看，理論與技術兩邊一起看，學來了不少機械上的專業知識以及實作經驗。就這樣閉關自修了十幾年，一直到二十歲那一年，他才終於有機會到彰化和美的特殊學校上他人生當中的第一課——小學一年級。可惜的是，才讀了兩年多，爸爸的生意就垮了，沒有錢繼續讓他念，志裕只有收拾包袱回家吃自己。不過，志裕說，雖然只有短短兩年，收穫可大了。因為在那裡，他認識了黃玉珍，就是此後跟他在人生旅途中相互扶持、互相照顧的太太。

現在他們的生活是志裕主內，負責生財；太太主外，負責生活。

「志裕一直想自己走出來，他總不可能天天拜託哥哥載他去哪裡哪裡……以前他去就醫的時候，都是他哥哥跟爸爸在送，可是畢竟大家工作都忙，不可能常常這樣接送。他就曾經從桃園推輪椅到長庚醫院作復健，差不多七公里的路程呢！上坡路比較容易，下坡就很困難，因為輪椅會一直往前衝，必須用手抓住輪子，常常抓到手都破皮了……他是滿有志氣的。」當玉珍這樣說著時，語氣裡面還是有一股濃濃的憐惜與不捨。

其實在專門改裝殘障車之前，志裕也開過電動玩具店。有一次，附近一個小孩偷了一百塊來玩，被他爸爸發現了，追在屁股後面打。那個景象讓志裕覺得很難過，就把店給收了。後來想開書店，可是沒有本錢。最後用他的一點積蓄作本，回到機械的本行上來。

我們問他們夫妻說，當初為什麼不參加殘障青年的就業訓練？志裕說，那裡教的都是修理鐘錶眼鏡啦、刻印啦這些夕陽手工業，畢業之後不可能有生意，也沒有什麼發展性。所以志裕希望一切自己計畫自己來做。他說，早年殘障的小孩子實在很悲哀，根本沒有人在意他們的能力或者福利。現在比較好一點，政府一個月會補助六千塊，那些家境比較不好的小孩至少有錢可以買輪椅，不用在地板上爬。

說到改裝殘障車的本行，志裕有點遺憾的說，「其實台灣機械滿發達的，工程師也很多，可是會做殘障車的真的不多，很少有人真的用心去投入這一個領域。現在知道的大多是機器行、機車行出身的，他們的做法就是把摩托車旁邊加兩個輪子。可是我的建議不是這樣子，我覺得殘障車沒有那麼容易做……」志裕一邊說著，一邊得意的展示一部十幾年前改裝的車子。

他說，三十歲那一年，第一次有一部車的時候，他興奮的去書店買了一張地圖，因為在這之前，他甚至不認識家附近任何一條路，更別說外面的世界了。志裕回憶起這件事，臉上仍然有一股掩不住的興奮。「走出家門」這樣一件對我們而言輕而易舉的事，志裕卻在他三十歲才達成這個「夢想」。

有了車，志裕的勢力範圍就可以無限延伸。現在他已經開著這部車，帶老婆玉珍環島三次。

「……這是多連桿的設計，現在裕隆他們在廣告的那些，十幾年前我在雜誌上看到就在做了，而且我用的那個差速器是自己做的，十幾年前就用碟煞了，而且它有倒車結構可以倒車，換檔時後面齒輪換好的時候，都有專業用的那個同步齒套，跟轎車是完全一樣的……而且它的差速，是限速差速器，如果你們學過汽車修理的就知道，我做的這一台，可以說不會輸給吉普車，吉普車能做到的它都能做到……」志裕愈說愈得意，愈比喻愈誇張。

他說，殘障車不像我們買車子看廠牌那麼簡單，必須看使用者的情況來做。因為每個來買的人各有不同的殘障程度及部位，有人是腳不方便，有人是手的力氣比較小，設計的時候煞車就要比別人的更有力。所以替人家改裝車子時，他一定要求要見到本人，而且會先請他喝茶，查看一下那個人動作的靈敏度以及手腳力氣的大小，甚至還會評估人家的反應以及膽識，因為志裕說，要能上路而且敢上路，這樣改車子才有意義。

「其實有車子真的滿方便的，很多想做的事都可以去做，所以生活圈子就會變得比較大。像我白天在糧食局上班，晚上會上台北去學美容，而且有什麼活動的話也比較能夠出席……因為你不需要再麻煩別人載你去哪裡，反而是你可以載別人去哪裡……」玉珍說著有車代步之後的方便。這一席話對於四肢健全、出門輕而易舉的大多數人而言，或許是從來沒有想過的事吧！

志裕告訴我們，殘障者不管參加什麼考試都有優待加分，但是考駕照絕對和一般人沒有兩樣。因為不管你是不是殘障者，路上所有的風險都完全一樣，考試如果放水，無異於把殘障朋友放在路上送死。所以每部車子改裝完成之後，志裕一定親自試車，直到完全滿意之後才交貨。因為他說，別人的性命在自己手上呢！

我們跟志裕說起維德脊椎變形的事，他有點感慨的說，自己也有一樣的苦惱。他的脊椎不但變了形，而且嚴重扭曲，為此已經開過兩次刀。他說是因為每天趴在地上修車切割所導致的。也許是切身之痛吧，他特別交代我們要在電視上呼籲家裡有殘障小孩的家長們，買輪椅的時候千萬不要像買衣服一樣，故意買大一號，想預留小孩子成長的空間。因為這樣小孩子靠在大輪椅上容易歪歪斜斜的，同樣會造成脊椎側彎。

幾年改裝殘障車的工作經驗下來，志裕除了讓殘障朋友站得起來、走得出去之外，自己也獲得「改裝汽車加油煞車手動控制」以及「機車倒車裝置」兩項專利。不過志裕最最得意的是一座沒有專利的「油壓式升降梯」。每天工作結束之後，坐上這座自己設計的升降梯，他就可以回到他和玉珍兩口子的小天地。在這個既是臥室又充當起居室的小房間裡，他們像所有尋常夫妻般喝茶、聊天，或者仔細的查看資料設計圖樣，替另外一個殘障朋友推敲打造一個最安全、最方便、最舒適的代步工具。

這個小小的、並不起眼的房間，不僅是志裕和太太兩個人恩愛的小天地，同時，它也是許多殘障朋友期待自由行動的夢想得以實現的無邊天地。

新竹

* 坐娃娃車的醫生們
* 在天之涯的泰雅部落
* 湖口義民廟與神豬

坐娃娃車的醫生們

既然上山就得盡力。每回上山都覺得山上的人一次比一次少，好像只有盡力，才能阻止人們老化，延長整個部落消逝的速度吧！

一九九六年十月二十五日上午八點，原本該是車水馬龍的中山北路，此刻卻格外冷清，只因為今天是光復節。對多數的人來說，睡覺的意義比紀念的意義可大多了。但是今天可是雙蓮教會山地醫療服務隊的大日子。這個已經有十多年歷史的醫療隊，今天正準備出發，展開另一次例行的醫療服務。

娃娃車充當的醫療車，從台北一路到新竹山上，第一站是尖石鄉。就像台灣深山裡的村落一樣，這裡沒有醫院，但總少不了教會。有教會便有牧師，今天的臨時醫院就開在牧師家門前的小院子裡。醫療隊的門面還沒有陳設好，病人便聚集了一堆。雖然一切就簡，但是掛號處、領藥處、小兒科、內科、牙科、婦產科等等的牌子，一樣樣標示得清清楚楚、明明白白。雖然分科清楚，但是一遇到疑難雜症，幾個醫生還是可以立即會診，這一點可比在城市的大醫院簡單多了，而且醫生也和氣多了。

除了醫療之外，醫療隊還附設了美髮部，並有專業的設計師隨行。因為專業，所以愛漂亮的女孩還可以看書決定自己喜歡的髮型。看病、剪髮加造型一次完成，樂了所有有病沒病的人，不過卻苦了美髮師。美髮師陳小姐說，或許山上比較冷，所以這裡的人，頭髮通常都比較長，髮質也比較粗硬，所以一天下來，手指頭特別累，工具也特別容易壞。工作是累，但是她的笑容裡，卻可以看出她被重視的驕傲。

醫療隊裡有著同樣驕傲的應該是牙醫師吧！求診隊伍排得最長的就是牙科。不過既然是服務，醫療和愛心最重要，其他設備就因陋就簡了。手電筒取代了無影燈，平常的四腳椅子取代了可升可降的牙科椅。要病人躺下來的時候，牙醫師的腳就成了可以自動調整角度的靠背。一天下來，我們擔心醫生的腿會不會抽筋，他倒輕鬆的說：「不會！而且這樣的pose比較帥！」牙醫師石公燦說：「我第一次來泰崗時，一個晚上和一個早上，差不多拔了一百多個人。以前在醫院牙科好像是小科，來這裡，牙醫師最受歡迎，牙科也變成大科了，病人最多，而且一次解決了他們的問題！」牙科果然是生意興隆，才一個上午，所有的備用器械便全部用過一遍了！沒有消毒鍋，只好倒上酒精點火燒一燒，下午的病患才有器械可用。

張俊英醫師是婦產科大夫。這回醫療隊上山，所有的醫療器材都是他張羅募集來的。不過到了山上，他幾乎成了全科醫生。他說：「既然上山就得盡力。每回上山都覺得山上的人一次比一次少，好像只有盡力，才能阻止人們老化，延長整個部落消逝的速度吧！」他又說：「原住民他們常搬很重的東西走山路。一般下山，膝蓋受力比較重，所以腳常常下山時會痛，上山反而比較好……」

比起張醫師的憂心，楊豐林醫師應該比較樂觀一點，因為他是小兒科醫師。三天相處下來，我們發現不管什麼時候，他口罩都不離身，連禱告的時候也一樣戴著。他說口罩不只是口罩而已，工作的時候它叫口罩，平常時是醫生的領帶，是一種職業的尊嚴。

這一站工作結束後，醫生們也偷閒活動了一下筋骨，繼續往下一站更偏遠的地方前進。山路崎嶇顛簸，他們說這可比以前好多了。前幾年來，車子開不進來的時候，得用機車接駁。機車如果騎不過，就得先把機車用繩索拖上去，人再拉著繩索上山。我們問醫療隊員：「下一站在哪裡？」他們指著遠遠的山說：「在那裡！存在，但一般人看不到的地方！」

在天之涯的泰雅部落

只要一場雨，就隨時有崩塌的可能。一崩塌，司馬庫斯就可能再度與世隔絕，回到起初和祖先們類似的處境。

十月二十六日跟著雙蓮山地醫療隊離開新竹尖石鄉後，我們尋著路邊的紅繩繼續上山。紅繩讓我們想起一個喜餅的廣告說：「千里姻緣一線牽」，在廣告中，紅繩是浪漫的意象，而這裡的意思是——非常危險！

司馬庫斯，號稱台灣最偏遠的泰雅部落，就連尖石鄉的朋友都習慣稱它們為「後山」。通往後山的路，今年才正式通車。整條路全靠炸藥炸開。由於路基不穩，所以只要一場雨，就隨時有崩塌的可能。一崩塌，司馬庫斯就可能再度與世隔絕，回到起初和祖先們類似的處境。

醫療隊依然在山裡的教會中開業。只有十八戶人家的司馬庫斯，病患仍然塞滿了醫務組。原因是司馬庫斯的人們通常早婚，而且多產。一家人生個九個十個，在這裡只是平常。

或許是連續假日，而且難得對外道路全線暢通，所以村中的「小留學生」們全部返鄉探親。村裡的學生，從小學到大學，全部是留學在外的「留學生」，因為這樣偏遠而且危險的環境，逼使他們不得不離家住校。戴淑珍小朋友說：「我在新光上小學，平常走路差不多要三小時，路壞了的時候，有時還要用爬的……。」

種香菇是司馬庫斯目前主要的經濟活動。由於栽培香菇需要大量木材，所以全部都種在深山裡面，以節省搬運木材下山的力氣。不過採收的時候，路還是要走。上山下山總共四小時，一樣省不了。

或許是接連幾天的雨吧！香菇長大了許多。村民怕收購的商人挑剔，藉故壓低價錢，所以雨停之後不得不清早上山搶收。還好兒子們都放假回來了，人手難得充裕，可以提前收工，早早下山。

早下山，卻也不一定可以早休息。烤香菇可比採香菇麻煩多了。香菇得用木材熏烤，劈材、上架，都只是單純的勞力，熏烤過程的二十四小時中，人不能走，眼不能闔，得隨時盯住火爐和香菇，那才是折磨人。

除了香菇，挖土機是司馬庫斯的另外一種特產。十八戶人家竟然就有五部。挖土機之所以多，理由很簡單，因為山路經常崩塌，要是等鄉公所來修，全村早就得斷糧。因此，天助自助，自己的路自己修，修好了才向鄉公所報帳。他們說全村最重要的一條路是通往直升機停機坪的路，不管什麼時候，都得保持暢通。萬一山路斷了，至少海鷗部隊還可以運糧來。如果連這一條路都斷了，那全村就得靠香菇當主食了。

司馬庫斯，全省最偏遠的泰雅部落，或許從來沒想過有人會在這樣的地方生活、生存、繁衍子孫。或許更沒想到有人會把他們的關懷和愛用最實際的行動散播到這裡來吧？而今天我們都看到了。

湖口義民廟與神豬

一切都是為了神的誠意，一切都要在半年後拔得頭籌的榮耀，這一切時間跟金錢的付出，彷彿一點也不重要。

第一次到湖口探訪我們的主角是一九九七年四月二十二日的事。那時候牠還活著，而且幾乎是尊貴、神祕、集三千寵愛於一身地活著。我們的主角尊貴而神祕的絕對不是牠的長相，而是牠生命的意義，因為牠將是五個月之後供奉在義民爺面前的神豬。因此牠的生命過程就該得到特別的關照。

今年的夏天雖然來得晚了一點，但四月二十二日這一天湖口的氣溫卻突然衝了上來。我們到的時候，神豬的主人——前湖口村村長范並源先生根本來不及跟我們打招呼，便急忙跑到我們主角的香閨去打開屋頂的灑水器，就怕我們的主角熱著了。後來看一看好像不太妥當，急急忙忙的又去搬出另外一支電扇，供牠吹涼。如果你注意他的眼神，你可能跟我一樣，真的從中讀出了絕無政治性「諂媚」意味的兩個字，叫做關愛。

前面說我們的「豬角」所住的地方叫香閨，絕非誇張。除了代表榮耀、身分的紅綵高懸頭頂之外，整個專屬的住處，幾乎沒有半點印象中那種豬舍的糞味。不過畢竟已經是八百斤的個兒，雖然范先生用盡所有的散熱方法，牠可還是哼哼嗯嗯的喘著大氣。

飼主范並源先生說：「……你不要看這個買來才兩萬多，到現在，工不算，本錢就用了十幾萬。……要是吃泥鰍稀飯的話，長得更快，但泥鰍貴哦！一斤兩百塊……。」吃一斤兩百塊的泥鰍，是神豬的權利，或者義務，但要是心情老是不爽的話，吃再多也胖不起來。是故抓癢、陪牠說話、聊天，隨時隨地幫牠整理環境衛生，這才真能讓牠心寬而體胖。范先生又說：「養神豬不能光給飼料，牠這個肚子的熱氣太大，拉的便太硬，所以要配上地瓜或黃瓜……。」講究的住處，鉅細靡遺的對待，各家獨特祕方的飼料，每餐必備的生雞蛋，成本可想而知。但如果比起一切都是為了神的誠意，一切都要在半年後拔得頭籌的榮耀，這一切時間跟金錢的付出，彷彿一點也不重要。

主角用餐的場面可正式了。得先圍上餐巾，但這一切都不必自己動手，連吃也一樣，全身不動，只要嘴巴動。八百多斤，是神豬的大關卡，能破八百，就能破千，否則免談。范先生得意的給我們介紹主角的下圍說：「牠有一個真正的好屁股，破千絕對沒有問題……」他說養神豬選種的時候，就要選屁股。就跟早年選媳婦一樣，有好屁股的媳婦能生，有好屁股的神豬能長。他說得一本正經，一臉莊嚴，絕對沒有不尊重女性的意味。

再大的神豬，未來總需要一個能符合牠身分地位的伸展台，雖然是半年後的事，但范先生早已看過許多型樣，不過他似乎特別中意由黃永岡先生開設的這一家又專業又現代的設計。或許有人會懷疑製作這種抬架的行業其未來性如何？但未來管不著，老闆黃先生說徒弟一個一個都跑去自立門戶了，此刻他還能獨當一面，靠的是學習還有創意。超級大神豬，挺立在五顏六色、機關重重又能活動，又能噴火吐煙的伸展台上，幾個月後，場面的壯烈，當可預期。

兩個月後，一九九七年六月二十二日，我們再度來到湖口。那時候神豬的重量已快破千。天氣更熱了！或許怕豬驚嚇，或者人多嘴雜怕觸犯了禁忌，或者更怕感染外來的細菌，小組們知趣的遠離了神豬的香閨。不過這一天是湖口祭典區到枋寮恭迎義民爺的日子；由於今年普渡是由湖口輪值，所以必須把義民爺接到湖口的各廟接受供奉。離上一次湖口輪值已經整整十五年了，所以除了養神豬破紀錄之外，連迎神這件事也辦得風風光光，聲勢十足。

義民廟的來由可是客家親族們人盡皆知的故事吧！乾隆年間林爽文事件，兩百多個義士犧牲之後，屍體本來是用牛車想運去大湖口歸葬，然而車子到了枋寮，牛卻再也不走了，後來擲筊才知道義民就選定這個地方長住，他們想跟大夥共禍福。至於神豬大賽則起源於日據時代，在那個匱乏的年代裡，日本人鼓勵輪值的村民把豬養得愈大愈好，因為豬愈大其他村民就比較有機會分食到一點點的豬肉。雖然時代不同了，有人也許有意見，但至少「崇敬」這二個字留下來了，「分享」這二個字也留下來了，只是看我們用什麼角度去看罷了！

時間在重複、忙碌中飛逝！一九九七年八月二十日清晨，當我們再度到達湖口的時候，兩個月又過去了。這一天的湖口村似乎特別熱，一大早整個村子甚至都有點異樣的情緒在醞釀，或者在躁動。

看到鐵籠上車，磅秤備妥，甚至連吊車都嚴陣以待。原來今天是神豬比高下的日子。另外一個因素是除了飼養的主人跟家人之外，所有人今天終於頭一次能夠看到各個準「最佳豬角」的廬山真面目。不過在這之前，由村裡面德高望重的人所組成的評審小組早已經預先審視過所有的神豬。所有夠格的、夠分量的數量斤兩在他們的心裡其實早已有譜，因此不管貨車、吊車該租幾部，還是該租多少的噸數，他們早已經討論決定清楚。於是這一天吊車開到誰家來，就代表入圍，就是榮耀。

羅家四兄弟是這一次神豬比賽呼聲最高的大戶人家。所謂大戶，是四兄弟各養一頭神豬，而且目測之下，都在千斤以上。四兄弟同時參賽，更打破了義民廟有史以來的紀錄。

神豬終於要走出香閨了，但不是自己走，而是紅綵加身，前呼後擁，人力不夠連吊車怪手都得出動。然而誰也沒有料到就在過磅之前，神豬竟然把底板壓破，場面剎那間緊張混亂起來。想想看，一年來猶如千金小姐般的對待，怎能在這個出閣的當下讓牠受到傷害？

緊張好像只是一下子，所有人對這樣的狀態似乎早已經有了十足的緊急對策，畢竟是多年的經驗了，因為神豬在飼養的過程中非但是養在深閨人未識，所以一看到外人容易驚慌之外，更重要的是始終不曾經歷過這樣的大運動，加上天氣炎熱，有些主人們還為了增加斤兩而在過磅前餵食，這些因素都可能導致神豬出師未捷身先死。按照規定，如果在過磅之後才蒙義民爺寵召，成績照算；但如果是之前報到，那神豬的主人的苦勞可都得付諸流水。或許是這樣的經驗，所以過磅當天，委員小組都會請獸醫隨侍在側，確保平安。除了心肺復甦術比較不容易施展之外，各種內科、外科症狀都可以當場急救。

羅居河先生所飼養的神豬因為體重太重，腳壓迫籠子而受傷跛腳，我們問他到底給神豬吃什麼？他說：「都吃營養的東西，如雞蛋、鮭魚……。」吃雞蛋、吃鮭魚，再問下去他不說了，一來豬受傷了心裡焦急，二來那是個人的祕密，怎麼可以隨隨便便泄漏，畢竟十五年後可能又有另一次榮耀之戰。

另外一個入圍的豬角主人古李泉先生，看到他家的雞都比別人養的大一號，當可預見神豬的碩壯。古家的豬角可真的是養在深閨，吊車、怪手都開不進來，於是只好靠一堆大漢們眾志成城幫忙搬動，他們笑著說大夥這下子是人力戰車。

一家秤豬，眾家雲集，除了想探知飼養祕笈之外，也想刺探軍情、預知輸贏吧！

有豬愛吃鮭魚，有的則酷愛南瓜。嗜愛不同，但結果彷彿都相去不遠。羅家四兄弟所養的四條豬，愛吃鮭魚的是老大居河的，老二居波所養的據說最不挑食，所以體重略重，一千三百零七台斤，不過愛撒嬌也愛發脾氣。老三居榮的豬比較孤僻，因為老三在芎林開砂石場，他的豬從小就不跟其他三隻豬養在一起。老四居宗的豬最有健康概念，愛喝胡蘿蔔汁，或許就因為養身有道，所以體重高達一千三百七十五台斤，雄霸四方。

神豬終於出門了，除了怕牠在門外熱，怕牠寂寞之外，更怕的是一些慕名而來的大人小孩，口無遮攔，比如有人說：「哇！豬好肥喔！」主人當下就會指正說是大不是肥，是壯不叫胖。不管是肥還是大，是胖還是壯，總而言之就是重，重得連忙了一天的怪手似乎也都累得抬不起頭了。

過磅之後第二天一大早，羅家四兄弟住處附近便聚集了許多人群，甚至連小販都來了。因為消息早已傳出去，今年十五大庄輪值，湖口祭典區神豬比賽結果跟原先猜測一樣，羅家老四居宗勇奪神豬特等獎，老二居波的那一隻愛嬌豬得到第二，老大居河的鮭魚豬排名第三，老三居榮的孤獨豬也得到第七等。四兄弟頭一次養神豬，居然養出這種成績，不得不令人刮目相看。老三於是也把豬運回來，讓四兄弟的四隻豬集聚一堂，共享榮耀。而且誰都知道，但卻也都心照不宣，畢竟是最後一天了。

夜色降臨，一年來備受關照的神豬準備盡牠們的義務。整個場面有點肅穆，但老實說也潛藏著某種很難表達或不敢顯現的愛憫。羅居波先生說：「……不知道是牠心酸酸的？還是我心酸酸的？表面上看牠，其實也滿可憐的……，我也是有感覺……感情的動物嘛！一年多了，自己也有點捨不得，但是要拜拜，沒辦法……」

肢解後的神豬癱在地上，完全無法想像牠原先的形狀，身上被細心地撒了胡椒，炒過的鹽巴，或高粱酒，然後開始準備塑身化妝，因為明天才是牠們公開亮相的日子，雖然自己已經看不見人們驚異或者讚賞的眼光。

神豬養成了，即將供奉義民爺，而飼主們得到的可能是看不見但在心裡卻足以回憶十五年的榮耀。或者是看得見的各種金牌，有些金牌甚至體貼地做成豬的形狀，或許也可以算是一種永恆的記憶、永恆的影像吧！

八月二十二日清晨，離開神豬亮相只剩幾個小時。眾人同心協力，將做過防腐手續的神豬搬上結實的支架上進行必要的塑身、美容。人有各種被商業規範的標準體態，神豬則當然有另外一種約定俗成的模樣，差別只在於人要求的是苗條勻稱，而神豬要求的卻是富態、碩壯。

除了塑身，必要的化妝也免不了。羅家四兄弟本來想找師父把四條神豬背上的毛剃成「同心協力」四個字，但師父難請，所以也只好用金紙裁成。神豬的化妝師是另外一種專業，但現在難找了。原先的描繪作業，現在都改用鐵樂士噴漆作業。人跟豬最大的差別我們終於明瞭了，人用名牌化妝品，豬用噴漆。裝扮完成的神豬終於被架上半年前就選好訂做的豬公棚，這時候神豬的長相又是另外一種樣子。被塑造的誇張而龐大的身軀下的臉小得幾乎不成比例，就像穿上護具的美式橄欖球球員。不過不見雄壯，倒反而有一點癡。但此時牠們的長相似乎也不重要了，在義民廟前人們將記住的只是牠們的重量，而不是長相。記住的是主人的名字而沒有人會問起牠們生前的個性。

神豬成了貢品，一年來的主角生涯從此退居配角，但在熱鬧的廟口，就連義民爺有時候也不是主要的焦點，有時候反而是其他隨時出現的不應該出現的人，如扒手，如政治人物……等。儘管神豬已然不是主角了，不過至少人們對義民爺的承諾已經實現了，只不過我們會想，十五年後湖口村是否能再有這樣的場面，那時候主角除了義民爺、神豬之外，將會是誰？

苗栗

紅棗村傳奇

紅棗村傳奇

紅棗從唐山過台灣，找到合適的地方生存、茁壯、繁衍子孫。在人們不經意中，轉眼蔚然成林。

看清楚，這是什麼果子？答案竟然有幾十種。有人說是桃子；有人說是李子；還有人說是未成熟的奇異果；甚至有人說是番茄，還是聖女小番茄。不過，這些都可以忍受。最不能忍受的是竟然有人說它是「檳榔」。其實，不管你的答案是什麼，即便答錯了，沒有人會責怪你。因為在台灣，它真的很少見。它是棗子。你也許會說：「啊！這不稀奇嘛！」不過，稀奇的是它叫「紅棗」，而它所在的地方——苗栗公館石牆村，正是台灣唯一種有紅棗的村子。

這個紅棗村的故事，可能要從百年前的兩棵紅棗說起。兩棵紅棗來自大陸，原先，是種在當地陳家的院子裡面。百年後的今天，這兩棵紅棗已經有兩萬多棵的後代，而且滿布石牆村約三十多甲土地。陳家的後代，今年已經高齡八十一歲的陳北開老先生說，他的阿公在一百多年前託人家從大陸帶回兩棵紅棗種在院子裡面，本來就是種給小孩子吃著玩的，所以，紅棗他從小吃到大，吃到現在八十一歲。平常，就算不是紅棗的產期，還是每天喜歡喝他一杯紅棗酒，他說，這可以養顏美容、補氣、還助消化。看他八十一歲的人現在還這麼健壯，可見所說不差。

紅棗在陳家的地位，就跟祖先所留下來的田地一樣，細心照顧經常耕耘。每一個陳家的後代在分家之後，都會從老家移植兩棵紅棗到新的家裡去。陳爺爺就指著門前兩棵紅棗樹說，他二十三歲的時候兄弟分家了，他搬到新家那一年是民國二十七年，他的大兒子剛好出生。於是，他就從老家移兩棵到新家來。一來是當做生兒子的紀念，二來也表示不忘本。兩年之後，紅棗開花結果，陳家的子孫也在新的家園裡面安定了下來。陳爺爺家的兩棵紅棗現在已經增加到兩百多棵了，紅棗也從自家用、自家吃變成了商品。這中間的過程，經過陳爺爺解釋之後，我們驚訝的發現，竟然跟海峽兩岸的分分合合有了不可分割的關係。

「三十八年大陸淪陷，那陣子有人來和我買。我就想，這樣子有需要推廣不錯啊！大陸淪陷啦，那個共匪啊，不容易反攻大陸成功，有需要推廣，所以我計畫好。結果遷下來到我自己的房子，管理方面比較方便。這個水田啊！通通來種！我的計畫是這樣子……」

陳爺爺講得非常認真、非常詳細。可是，也許你聽不懂。沒關係！我來替你翻譯一下。陳爺爺的意思是台灣跟大陸好的時候，棗子價錢就不好；台灣跟大陸不好的時候，棗子價錢就很好。所以基本上，站在他個人的立場，他不相信台灣跟大陸會好。因為，這樣對他的棗子不太好。這樣說，你如果還不清楚的話，用陳爺爺的親身經驗倒可以說明一切。

他說，日據時代台灣跟大陸不太好，所以紅棗的來源很少。民國二十九年那一年，一個中藥店的老闆娘在陳爺爺的姑媽家裡吃到他送給姑媽的新鮮的紅棗非常驚訝，她不相信台灣竟然有地方可以種紅棗；而且她也只看過乾的，新鮮的紅棗她並不認識。結果，一傳十，十傳百，陳爺爺的紅棗就被搶購一空。既然有人搶著買，第二年，陳爺爺就非常保守的多種了六棵。沒想到民國三十四年台灣光復，三十五年陳爺爺的紅棗就滯銷了。因為台灣跟大陸好了，大陸的棗子進來了。三、四百斤滯銷的紅棗，陳爺爺捨不得丟掉，左想右想，他想出泡酒或者曬成紅棗乾的變通辦法。到了民國三十八年，陳爺爺的紅棗再度成為搶手貨，原因你應該懂了吧？因為那一年大陸淪陷嘛！台灣紅棗的來源全部被切斷。於是，石牆村的紅棗一直好到前幾年。

也許是這一段台灣跟大陸不好的時間很長，所以現在的石牆村家家戶戶都種棗子。因為大家都是從陳家分了一些樹苗回家種，現在的公館鄉也到處都是紅棗，因為全鄉的人都從石牆村分了樹苗回家種。不過，雖然棗兒子和棗孫子很多，但是，紅棗還是石牆村的長得最好。陳爺爺解釋說不是他在吹牛，是因為紅棗最怕水，雖然石牆村有後龍溪繞村而行，不過，地層大部分是鵝卵石，排水迅速。另外，紅棗也最怕果蠅。巧得是，石牆村在紅棗的產期吹的是東風，所以果蠅不容易在紅棗上著卵，因此其他地方的紅棗十顆有六、七顆會遭到蠅害，只有石牆村的紅棗顆顆晶瑩剔透。天時、地利加上人和，陳家院子裡面的兩棵紅棗不僅生存了下來，百年後的今天，在他們的子孫陳北開老先生的推廣下，紅棗也就成了石牆村的特產。

紅棗從唐山過台灣，找到合適的地方生存、茁壯、繁衍子孫。在人們不經意中，轉眼蔚然成林。身價有起有落，兩岸不合則貴；兩岸一合則沒人在意，除非自己在意自己。想想，紅棗的滋味倒挺台灣的，而且，挺政治的。你說呢？

台中

無言的山丘

看著一雙雙當年拿過槍桿、拿過鋤頭拼血汗的手，那麼溫柔的處理著一顆顆鮮豔可口的蘋果，畫面單純，可是卻讓人有無窮的想像和感慨。

當我們到達福壽山農場的時候，這一季最後一批蘋果幸好還留在果樹上，讓我們目睹了豐盛的感覺。

福壽山農場，地勢崛高，氣候嚴寒。當年政府把它交給榮民開墾的時候，事實上只是一塊被林務局砍光木材（特別是紅檜）的不毛之地。年老的榮民現在好像比較敢講話了吧！所以有人說那時候心裡的感覺根本是被放逐。但是幾十年奮鬥下來，成果不小。雖然蘋果的價錢沒有以前的風光，但現在至少穩定但不固定。不固定的意思是必須隨著水果的產季換種忙碌：七月的水蜜桃、八月的梨子，而十一月正是蘋果的產期。

看著一雙雙當年拿過槍桿、拿過鋤頭拼血汗的手，那麼溫柔的處理著一顆顆鮮豔可口的蘋果，畫面單純，可是卻讓人有無窮的想像和感慨。

產銷組組長江文平先生說：「民國六十二年的時候，好的蘋果一斤大概可以賣到六、七十塊錢，工人一天工資五十元，也就是做一天工資只能買到二到三個蘋果，但今天的工人一天工資一千多元，可買一、兩百個蘋果……」或許就因為蘋果的價錢不再風光，而當年墾地的榮民年紀也都大了，所以農場就把部分土地按軍階大小放領給榮民。軍階高的就放領比較平坦的地，軍階較低的就放領比較高而陡峭的地。但是領到地的人照樣無法耕作，於是只好把它租給別人種水果或蔬菜。

承租人之一的蔡先生說：這裡的小偷，有一回被逮到了一個，他要小偷一個賠六千元，結果他發現種水果不賺錢，抓小偷反而賺錢。這樣說著的他那種表情好像有點意味是說：「有膽量你來試試！」

蔡先生和許多承租人一樣，大部分都自己種自己賣，生產者兼零售者。據說今年光復節連續假期有人三天之內就賣了六萬多元。難怪有許多外國進口的蘋果卻掛著梨山出產的標記，魚目混珠。蔡先生告訴我們一個祕密：他說，蘋果好看不一定好吃。他老實的說，他們自家產的蘋果多數是一結果就用紙袋套起來。成熟之後雖然粉紅好看，但滋味卻不及從小裸露、沒穿衣服、直接曬太陽的在欉紅。

除了水果，近年來流行的高冷蔬菜也是福壽山農場的主要產品。這些蔬菜所種植的地方更高而且更遠。當然種植的人通常也是外來的承租戶。種高麗菜的唐先生就是從陽明山移民來的。問他說這裡和陽明山有何不同？他說差不多啦！一樣一年三百六十五天，每天睡覺都得蓋棉被，不過或許是肯定自己的努力吧！他說這裡的菜比陽明山種出來的還要脆，而且更甜。他形容說：「高冷蔬菜最好吃的時候，連舌頭都會咬掉吃下去！」形容得簡潔又傳神。

雖然福壽山農場許多土地都已經放領而且承租出去，不過農場的場長少將退伍的江先生卻有挺新的經營概念。他除了發動蘋果樹的認養，每裸三千元，收成歸你，以及企圖在農場中建築旅館，吸引喜歡自己採水果的人，既賺旅館錢，也賺水果錢之外，最近他還動老總統賓館的腦筋。他說賓館的風水好，東望奇萊，西連玉山、八卦山，是蓮花寶座，來此一住，對事業極有幫助。想來的話，平時一天一萬元，假日兩萬，讓你過過總統的癮。

總統的賓館已經成為有錢就可以來住的平民旅店。昔日墾荒的榮民都已垂垂老矣。當年退輔會的功業今天看來卻是環保之害。一個時代的結束又是另外時代的開始。明天的福壽山農場會是什麼樣子呢？沒有人知道，不過墾荒的榮民說，在有生之年反正是看不到它當初最原始的面貌了……。

家在山那邊

有一群人每天靠流籠、爬山虎、單軌車、履帶車在我們不經意的這個地方一樣努力工作，但不必詫異他們的選擇，他們正快樂的工作著、生活著。

下午四點，梨山小學放學了，三年級的俊治看來似乎比別人幸福。因為有媽媽開貨車來接。不過要是知道他回家的路不但難上青天，而且事實就在青天上，就不會有這種感覺了！

俊治家沒有地址！這也不太正確，因為如果你問他家住哪裡？他會說「七十六K」。再詳細一點，他會說「八號公路七十六K」這就是地址。車子到了，可是家還沒到，他們必須再坐一段自家用的透明電梯。這一段三分半鐘的流籠，也可以說是他們家唯一對外通路，或者是捷運系統。

當年俊治出生比預產期早一點，他差一點就在流籠裡出生了。媽媽說那時候真怕生出來沒有力氣接，一下子掉到外面，怎麼辦？外面將近八十度傾斜的斜坡上，那些密密麻麻的蘋果樹，當年正是吸引爸爸媽媽上山拼鬥的綠色黃金。

山上既然有綠色的黃金，當然小偷就多。俊治的爸爸只好花十萬元買了兩隻重達一百八十台斤的高加索犬。也許怕媽媽嫌貴，爸爸所報的價錢當下使這隻名叫「麥克」的狗成為賤狗。不過這個祕密，麥克不知道，依然盡忠職守，每天和爸爸分工合作，爸爸負責生產，麥克負責保全。麥克的保全原則非常簡單！只要不是他家的人，全部都咬。所以我們採訪取材的這一天，牠特別放假，活動範圍只剩半徑十五公尺的圓圈。

俊治的父母親本來是在桃園拉拉山種水果，種了三年全部碰到颱風，後來才到這裡向榮民承租這片果園。除了蘋果之外，他們也種梨子。蘋果收成的時候，正是梨花含苞的時候，山下東勢的果農常會向爸爸買花苞。因為山下的梨子果肉比較粗，接上這邊的花苞之後，所長出來的梨子比較好吃。所以爸爸一聽完電話，就得坐另一段自家用透明電梯往更高的山上去剪花苞。爸爸說，雖然剪一季的花苞也賺他不過幾萬元，不過兼著賺比較不會窮。

爸爸上山剪花苞，媽媽則搭流籠下山買菜。賣菜車是麻雀雖小，卻是五臟俱全，應有盡有。媽媽說有時候忙沒有辦法下來，還可以打電話訂購預約，老闆會把他要的菜，放在七十六K旁的籠子裡面，錢嘛，有空再算。

賣菜的老闆外號叫「媽祖」，乍聽之下，以為是村民在歌頌他的大恩大德，後來才知道不是，只不過他是馬祖人罷了。

花苞剪完，夫妻倆用爬山虎推下山，請公路局的中興號運給東勢的果農。問他們說，有流籠了，為什麼還要有爬山虎？他們說流籠是在天上飛的，不適合在果園中工作。簡單的說，流籠是空運，爬山虎是陸運；但介乎空運跟陸運中的重運量系統，則靠這個日本進口的單軌車，專攻短距離、跟大量的運輸使用。不過今天既不運蘋果，也不運肥料，是為了秀給我們看，所以運的是小組的工作人員，目的地則是八十六K的果園，去找一位業餘的釀酒專家賴先生，來幫忙釀蘋果酒。八十度斜坡，單軌車直線下降，那種感覺比雲霄飛車還刺激。工作人員一個一個臉色慘白，俊治的爸爸笑我們說：怎麼了，酒還沒喝就先暈了？

釀酒的賴先生又讓我們見識另外一種交通工具，他開的是全履帶小型戰車，一路轟轟烈烈的上山。山上天氣冷水果又方便，所以家家戶戶，多多少少都會釀點酒，早晚喝一點驅驅寒，他們說只喝只送不能賣，不然公賣局會囉嗦。

我們才讚美賴先生多才多藝，以後可以去當釀酒師，誰知道他卻說，種水果和釀酒都不是他的最愛。他說，退休之後要去幫人家撿骨，因為聽說撿骨更好賺。他又補充一句說：「什麼都好！快樂就好啦！」

的確，快樂就好！或許你曾經快樂的開車經過中橫七十六K，八十六K等等地方，但是你可能不知道，有一群人每天靠流籠、爬山虎、單軌車、履帶車在我們不經意的這個地方一樣努力工作，但不必詫異他們的選擇，他們正快樂的工作著、生活著。

臭屁老仙仔

他驕傲的跟我們說，他們后里這條樂器街不是吹的，每年替台灣賺進十億以上的新台幣。

「一、二、三、四、五，就開始了喔……來——五、四、三、二、一」

這是節目開播以來第一次讓受訪者自己當導演。而且這個多才多藝的導演還自導自演的用薩克斯風吹了一首世界名曲做開場。

沒辦法，因為我們今天的主角老仙仔——張阿叢老先生是個「藝術家」嘛！

除了自導自演，老仙仔還有另一樣絕活，他連吹的薩克斯風都是自己做的！鏡頭外老仙仔告訴我們，早年叔叔是玩band的，後來很不幸一把火將樂團的細軟全部給燒了，不得已之下，叔叔當下腦筋一轉，就帶著當時才要念初中的老仙仔，還有老仙仔的兩個堂哥，開始做一種當時台灣少見的行業——幫人家修樂器。修著修著，他們連製造都學會了。

從十四歲開始摸樂器一直摸到現在六十三歲，難怪老仙仔會被人家恭稱為老仙仔。老仙仔的薩克斯風不僅是純手工打造，而且，連製作一隻薩克斯風所需要的三百六十五個零件，還有模具、工具，老仙仔全部自己ＤＩＹ。

正因為從頭到尾全部自己動手做，所以老仙仔一個月頂多做四、五把薩克斯風。不過光是這四、五把，如果在台灣賣的話，大概十年也賣不完，所以老仙仔的薩克斯風多半外銷。不過，老仙仔強調，人家外國師父一年最多也不過做個四、五把。我們如果沒有會錯意的話，老仙仔對於自己一個月做出外國人一年業績的能耐，是充滿驕傲的。

他說，每年德國法蘭克福的樂器展他一定會去參觀，一邊做生意一邊考察觀摩別人的技術。像刻花的技巧或者圖案，就是看過之後自己揣摩來的。「我就是頭腦好，沒辦法啊！眼睛睜大一點，學什麼都不難！」老仙仔既然是老仙仔，當然是臭屁有理，驕傲無罪。

老仙仔總共才讀過六年書，現在英文、日文、德文都會說，當場令我們非常難堪。而且，為了證明自己在音樂上的能耐，老仙仔把各種吹奏的樂器都搬出來吹給我們看，喔不，應該說吹給我們聽。而且順便對台灣早年或近年的歌星來個私下評論，總結的意見只有一個字──遜！

說往事，老仙仔經常說起八二三砲戰。老仙仔年輕時在金門當兵，退伍到今年剛好三十九年。他拿出當年在金門當兵時的照片，那是當時小金門有人結婚，他去充當樂隊，當時吹的薩克斯風，現在都還在。

老仙仔當兵時碰上八二三砲戰，當時和他一樣來自台中縣的兵就死了一萬兩千個。到現在，老仙仔還是常常去金門，他說，去那邊不是去玩，是為了紀念自己沒死。為了要祭拜死去的人，他說，不但要行三鞠躬禮、還要簽一萬塊的哦。

老仙仔不但喜歡當導演，他還熱心的當我們的嚮導，帶我們逛遍后里這條有名的樂器街。這條街除了老仙仔的薩克斯風之外，還有做鼓的、做樂器盒子的，以及各種樂器零件及周邊設備的工廠。而且完全符合台灣中小企業的特殊文化，每一家的老闆彼此不是親戚就是師徒、師兄弟。

「眼鏡仔」是一家製鼓工廠的第二代傳人。他說以前因為家裡就是做鼓的，於是他自然就學會打鼓，後來走火入魔，組了band到處走唱，根本不想回來接工廠的事業。後來父親跟他說，如果你不回來，台灣所有像你這樣愛打鼓的人都得向日本買鼓，被人家「敲假的」！眼鏡仔聽了，想想覺得很有道理，於是才回來后里。

導演、導遊當了一天，老仙仔還不過癮，晚上一定要我們去他投資的俱樂部唱歌。他非常阿沙力的說，唱歌不用錢，不唱的話罰一百。老仙仔說是要我們去唱歌，不過，實際的情況是，我們大家去那裡聽他唱歌。

「心事若沒講出來，有啥人會知，有時候想要講出，滿腹的悲哀……」老仙仔霸占了整組樂器，自己還會變調，變拍子。他唱歌的氣韻，和他吹薩克斯風一樣，自信滿滿。

回來的時候我們一直在想老仙仔說的話。他驕傲的跟我們說，他們后里這條樂器街不是吹的，每年替台灣賺進十億以上的新台幣。

或許，老仙仔這一輩子最大的遺憾及困惑，大概是自己明明唱得這麼好，怎麼出名的都是那些不怎麼樣的人呢？就像自己親手做的樂器，用的卻是功學社YAMAHA的名字，而始終沒有自己的品牌。

駕駛大拖車的小飛俠

對於別人的讚嘆和讚美，小飛俠只是笑一笑說：「能做就做，家是夫妻共有的，做什麼也都是為了自己一家子。」

一九九七年一月七號，我們在風大寒冷的台中港孤候了很久，看千帆過盡，可還是等無人，等不到我們今天的主角——趙彩雲小姐。

港口好像沒人聽過趙彩雲這個名字，可是，當我們一報出她的無線電台號「小飛俠」的時候，台中港附近的空中網路當下塞車，可見小飛俠的威名遠播。還有人說：「你也不早一點說！小飛俠就是來無影去無蹤，才叫做小飛俠嘛！」

說著說著，不久之後，我們終於看見小飛俠開著她的三十五噸大拖車呼嘯而至。明知台灣女人的潛力驚人，無所不能，但是當我們看到小飛俠下車之後，牛仔衣、牛仔褲加上短筒靴的一身勁裝，臉上除了紋眉之外還抹上胭脂，對照她身後那座山一般的大傢伙，我們依然忍不住一聲驚嘆，眼前的小飛俠真的只能以嬌小兩個字來形容。小飛俠強調說：「不是今天你們要來拍才這樣喔！我每天都這樣，不然被當成男的我就苦了！」

小飛俠入行的原因，是因為有一陣子丈夫荒唐，家裡一窮二白的情況下，她只有負擔起家計下海開車。剛出師時她開的是砂石車，有一次人家邀她一起去考拖車牌照，人家笑她說大概考不上，結果她非常有骨氣的考上了。後來算一算發現拖車比砂石車更好賺，所以就索性改行，把砂石車交給弟弟開。小飛俠一家的女人果真都很剽悍，連老媽媽都會騎機車，全家只有老爸爸比較「斯文」，只敢騎腳踏車。

十八年的大卡車司機生涯，南北兩路奔波闖蕩，在純男性的工作環境中，不論資歷，還有目前的工作效率，小飛俠絕對比男人還像男人。她說，早年剛開十輪大貨車的時候，自己是司機兼捆工，一整車的貨自己捆、自己扛。

小飛俠的女兒淑芬告訴我們，當初媽媽剛開始開拖車的時候，都不敢跟阿公說她開的是這種大車。直到有一天她把車開回來，阿公才知道自己的女兒開的是這樣一台龐然大物。對於子女，淑芬說，媽媽不讓她們學開拖車，說她自己一個人就太多了！她們要做什麼都可以，只希望她們要認真、打拼！

十八年下來，不但現在開的卡車是自己買的，連房子、「小烏龜」都是她買的。「小烏龜」是她對轎車的暱稱，因為跟大拖車比起來，的確小得像烏龜。

小飛俠能耐超強，難怪其他司機老大不知是讚美或嫉妒，都說「鐵金剛」他祖宗的風水好，才能娶到這種老婆！對了，「鐵金剛」是小飛俠老公的無線電台號，小飛俠說：「因為我叫做小飛俠，所以他要叫鐵金剛，這樣才速配！」對於別人的讚嘆和讚美，小飛俠只是笑一笑說：「能做就做，家是夫妻共有的，做什麼也都是為了自己一家子。」這樣說雖然沒錯，但是，畢竟開這種三十五噸大拖車的女人實在是少見。小飛俠還是閒閒一句：「因為我只會開大拖車而已啊！」

小飛俠告訴我們，當年小女兒還在吃奶時，每天抱在車內就開始工作，常常裝完車她還得做男人做不到的事——泡奶給出生後就養在司機座位的女兒吃。因此，大拖車可說是小飛俠另外一個家，所以小飛俠打理它，就像打理自己的家一般細心。而且，從十八年前開車到現在，她對HNO的大拖車一直情感專一、忠心不二。說起她的拖車，小飛俠就像情人形容他眼中的西施一樣好話說盡毫不吝嗇，像讚美情人一般讚美她的車。龐然大物在她熟練的操控下，那感覺不像一個女人在開一部大車，反而像一個小女孩在指揮一隻忠心耿耿的聖伯納大狗。

當年在大拖車上吃奶養大的小女嬰，現在已經十八歲，結了婚而且已經懷孕好幾個月，小飛俠也快當阿嬤了！人家說九年媳婦熬成婆，意思是說只要成了婆之後，苦日子就會結束，好日子就會來了！但是對小飛俠來說，日子好像不會有多少改變；至少，短期之內要改也難。

「開拖車比旅遊還好玩，旅遊會覺得比較無聊，開拖車的話還有錢可以賺。」那天我們跟著她，一站開過一站，從港口到卸貨總共跑了五趟車。可惜的是一直沒有見到小飛俠的老公鐵金剛，只有在無線電裡聽聞其聲。其他司機在無線電裡消遣鐵金剛說：「他為什麼不敢上鏡頭，就是因為今天鐵金剛不敵小飛俠，跑的沒有老婆多！」鐵金剛當然不服氣有話說：「沒辦法嘛！小飛俠就是用飛的，來無影去無蹤嘛！」

黃昏之後，台中港的某個角落依然燈火通明，依然有拖車在卸貨裝車。在台灣經濟發展的過程中，我們似乎很容易忘記，在我們看不到的一些角落，其實有許多像小飛俠一樣的女性，扮演著來無影去無蹤的角色，不輸給男人的辛勤工作著。而且，在男人工作結束，尋找藉口吃喝玩樂的時候，她們仍未退場休息，依然扮演著屬於家庭、屬於母親、屬於媳婦、太太、女兒的角色，繼續入戲。

大甲鎮的傳說與歷史

大甲媽祖，才不管大甲是否人君之地，百年來，她一樣護衛著這塊土地，而且無私地護衛著整個台灣。

一九九七年七月九日午後，我們在縱貫線的火車上。逐漸西斜的太陽把車窗外的田野染上薄薄的一層彷彿老照片般的顏色，而我們也在這樣的心情下靠近歷史韻味極濃的大甲。

大甲，一九九七年的現在，人口八萬，台灣鐵路海線的大站之一。如果從歷史的角度來看，因為它位於台灣兩條主要河川——大安溪和大甲溪之間，所以自古以來便是南北交通孔道，也是軍事重地。清朝初年的建制，把台灣島分為南北兩個部分，分隔點便是大甲，以北叫淡水人，以南叫台灣人。

大甲耆老吳再元先生說：「……在我父親的畢業證書上面寫著苗栗三保。原來這地方在行政區上早先是苗栗管的，之後才改成台中州。光復之後叫做台中縣。不然以前台中州是包括南投縣、彰化縣……。」大甲，雖然有漢字的字面意義，但其實是因為清廷以鐵砧山為界，東邊叫TAOKAS（此為原住民語「東社」之意），西邊是TAOKAS（西社）。雍正九年，也就是一七三一年，西社叛亂，隔年被清廷弭平，西社改名為德化社，之後漢人移入，把TAOKAS以讀音近似的大甲兩個字來取代，然後再賦與漢文的解釋，說「大」是「大字頭出天，兩腳八字開」。「頭出天」意謂著來日必將大展鴻圖。「二腳八字開」則是說站得穩，一步一腳印。至於「甲」字，則是說「甲字成田，帶有尾」，意思說土地必成良田，而且有後福……。至於TAOKAS原來的意思，漢人就不太在意，也不太解釋它了。

大安溪畔的鐵砧山不但是大甲的地標名勝，更是台灣歷史上重要的背景，我們許多人都聽過國姓爺鄭成功帶兵駐紮鐵砧山，逢旱缺水，國姓爺擲劍成井的故事。相傳中秋節當天劍井就會浮出一把劍來。從小就住在劍井旁邊的大偉把劍井的故事講得如假包換，不過問他說有沒有看過劍浮出來，他說沒有，但是他強調老師都這樣說，言下之意是打算繼續相信下去。

傳說歸傳說，如果追溯歷史倒很難站得住腳，因為國姓爺收復台灣之後不久就過世了，實際上從來沒有離開當初登陸的台灣第一站——台南。歷史雖然是這樣記載的，但到現在，每年的端午節，成千上萬的民眾依然到劍井取水消災。傳說一旦成了信仰，真假就不重要了，相信就好，只是傳說像真的一樣留下來了，而真的事情有時候反而變成傳說，被人遺忘了。

文昌國小的張慶宗老師說：「從北部要南下，會經過大安溪與大甲溪。其中這二溪都沒有堤防，所以整個河流範圍很廣。溪裡面長很多菅芒草和大石頭，所以很多土匪會躲在水溝，如果有落單的行人走過，就會被搶劫。所以最後演變成這一個地方有一個很特殊的文化。在苑裡這邊有一個地方叫『客庄』，就是要給客人住的地方。客人來住客庄集結在一起，第二天大家成群結隊過大安溪（當時叫房里溪），走一段很長的路到大甲，到有一個叫『頂店』（古名叫頂飯店庄）的地方休息，順便吃午飯。之後繼續向南走，往南走後又碰到大甲溪。大甲溪的情形跟大安溪一樣（沒有堤防），河道寬，也都是菅芒草和石頭……。」

房里溪指的就是現在的大安溪。碑上的「房」字看起來模樣有點怪，說起來又是另外一個典故。原來一般人對流經大甲的二條河川常搞不清楚，而官方也迷迷糊糊的，於是道光丁酉年決定在這二條溪立一個「官義渡」碑文的時候，乾脆二個碑都刻成大甲溪，總之會矇對一個。後來重修的時候，這個大烏龍才被發現，於是大安溪這個碑就順著原來大甲溪的筆劃硬改刻成古名「房里溪」，所以今天才會看到那個古體字古里古怪的官義渡碑。

大安溪、大甲溪開創了大甲早期的繁榮，不過卻也遭來猜忌，因為大安溪河水帶灰質，當地人稱為白龍。大甲溪則含泥沙量大，河水混濁，人稱黑龍。相傳白龍與黑龍匯流的地方將會生出人君，意思是大甲有人會當皇帝，清廷一聽，非同小可，立刻派了風水師到大安港附近建了一個專剋龍的蜈蚣堤，殺殺大甲的銳氣。不過大甲人是否有皇帝命，我們不知道，但大甲名人有彭明敏先生、劉松藩先生，當然還有一個朋友路寒袖先生也是。

民國七十七年大甲再度建醮的時候，當地人說同樣是一場古董風雲會。這樣的大手筆大場面只因為大甲著名的鎮瀾宮，也就是大甲媽祖，才不管大甲是否人君之地，百年來，她一樣護衛著這塊土地，而且無私地護衛著整個台灣。也因為如此，大甲即便已逐漸染上了歷史的顏色，卻也因為這樣的色彩而愈增加它歷史的價值吧！

大甲，除了鎮瀾宮，所有人大概都會想到大甲蓆吧？於是我們沿大安溪往下，來到昔日以大甲蓆聞名的雙寮社——大甲鎮建興里。

在一重重的防風林間隙中，我們好不容易找到大甲目前唯一的藺草田，不大不小，二分地。藺草，乍看之下，跟稻子難分，而原本就五穀不分的外景隊一直怕找錯地方，電話裡地主朱木紅先生告訴我們說：「你們要是看到一群憨仔，彎著腰一直割，那就是我們了！」

習慣睡在有空調、有軟床的臥室裡的我們，大概早已遺忘那一種屬於大甲蓆特有的香氣吧！根據統計，民國七十六年的時候，大甲蓆的原料——藺草仍然有一二七五公噸的產量，十年後的現在，只剩下四十六公噸。建興里目前這二分地還是農會補助留下來的。朱先生說今年的收割期從八月初拖到現在，再不收就得放棄了，農會都比我們緊張。我們問農會緊張什麼？朱先生說：你們不知道喔！這個藺草一年不種就會斷種了。斷種了，大甲蓆也斷種了。

現在種藺草，人們嘴裡說賺的是吐血錢，但我們翻閱歷史，看到的卻是藺草曾經的榮光。清雍正五年，也就是西元一七二七年，當時的人在大安溪下游沿海，現在的建興里附近，發現曬乾後不易折斷的藺草很適合編織各種實用的用具。於是這種手藝很快的風行起來，技巧也日益精進，加上各種花紋圖案，除了好用，更多了美觀，人稱「加紋蓆」。到了清乾隆三十年的時候，大官離台返京，加紋蓆已經成了必需的珍品了。到了一九〇〇年，也就是日據初期，大甲士紳朱麗、李聰和杜清三個人一起在大甲街庄尾一一一番號請來手藝好的人示範編織草帽，第二年設了「元泰商行」開拓日本外銷市場，首度將大甲帽賣給大阪的「桶口商店」。沒想到在日本就風行起來。後來日本人甚至在台灣設立大甲帽蓆研習班，專門教大甲帽蓆的編織，當時大安溪沿海一帶的居民，不管男女，個個都是好手。

現在九十一歲的阿嬷柯莊阿屘女士在八、九歲就跟著媽媽編織草蓆，一路編了八十幾年，幾年前還得到國家薪傳獎。阿嬷說領獎的時候還跟阿輝總統握過手。問她說：妳有沒有歡喜？阿嬷說歡喜喔！大家攏嘛很歡喜！「大家」說的是誰？或許是之前所有善編的男男女女吧！不過阿嬷說自己的技巧還是比不上自己的媽媽，她說苑裡的女人才真厲害，問她那為什麼大甲蓆反而比較有名？她說苑裡種藺草的多，編的人也比較多，不過都拿到大甲賣，大甲才搶了苑裡的風頭。阿嬷也有點遺憾的說，現在會做的少了，連收藺草的也只剩下一個人，攏無人知了！

王明政先生就是阿嬷口中「無人知」的那個人。王先生自嘲說洪通也是死了才有名，我還沒死，怎麼會有名？王先生做的是祖傳行業，從他阿公那一代起，家裡做的就是藺草的批發。當時台灣金紙店用來綁金紙的草繩都是從這裡出去的。最盛的時候，家裡有五棟空房子，專門用來放收回來的藺草。前幾年周轉不靈，賣掉兩棟，這幾年也打算將生意慢慢收起來了。

割藺草、曬藺草看起來費工，想不到接下來的工作才是折磨。挑揀、捆綁、切割，樣樣都得手工。去的時候，王太太一直抱歉說前幾天做到手筋發炎，今天沒辦法跟先生一起工作，好讓我們拍起來好看一點。王先生也說你不要看我現在這個樣子，我以前身材不錯，現在都駝背了。不過辛苦還是要做。他說我們長輩認真做，下一代看了才知道錢不好賺，以後才會更加認真。他一邊工作還不忘驕傲地告訴我們說，他光靠做這個養了四個小孩，每個都盡心栽培。

一個下午下來，聽到的不是王先生的工作，而是他的四個小孩。老大現在在電力公司，老二、老三都在新竹科學園區，小女孩今年也升上科技大學。忙完家裡的工作後，傍晚，王先生和王太太又趕往另一處收取自家種的藺草。王先生說這幾天天氣不定，藺草收割一星期了，曬都曬不好。他還說現在種藺草真的是種心酸的。越南、泰國，甚至大陸進口的都比台灣的搶手，而且那邊人工便宜，一種幾百甲地，那才真的叫做藺草園，價錢又可以壓低，我們怎麼拼得過呢？我們問王先生說藺草目前價錢如何？他很認真地算給我們聽，一分地大概收一千五百斤，一斤二十多元，一次收成下來，大概三萬出頭吧！工作人員聽了，當場傻眼，整整四、五個月，這其間還不包括成本。他安慰我們說人家種稻子的，一分地也不過賺個萬把元，人家那個是半年。種田的人哪有像你們算的這麼精的？這樣講好像也對，本來還想跟他開玩笑說再等個幾年，全台灣只剩下你種的時候，你就發了！話到嘴邊，突然覺得鄉愿起來，想到的是，多年以後，車過苑裡、大甲，當我們找不到一群憨人彎著腰收割的地標之時，心裡將或多或少有著莫名的惆悵吧！但是，惆悵又該怎麼計算成本呢？請問？

大甲鎮瀾宮媽祖聖誕

所有人或發願或還願，有所求或無所求，信或不信，眼神似乎都一樣，唯獨流露著二個字，曰「誠服」，而媽祖婆可是一句話也不用說。

丁丑年農曆三月初九（一九九七年四月十四日）早上十點，數萬信徒簇擁下的大甲鎮瀾宮媽祖，正走過台灣西南平原豐饒的土地。我們忽然想問媽祖說：「婆啊！一年了，台灣有什麼改變嗎？好的有留下來嗎？壞的是不是捨棄了？」

今天是大甲媽祖繞境進香的第三天。媽祖和信徒已經走過將近一百公里的路程。他們繼續前進，目的地是新港奉天宮。一如往常，每年正月十五日當天，建廟兩百多年的大甲鎮瀾宮就會擲筊請示媽祖出巡的日期，吉日擇定，就開始貼香條，香條貼到哪裡，媽祖就將走到哪裡。

八天七夜的繞境進香，媽祖將走過大約三百五十公里的路程，以及六十多個廟宇，而數萬信徒們當然也一樣。對其中許多人來說，這樣的行程是他們一輩子的心願，有些人就像是媽祖的孩子，一年一次，專程伴著媽祖走這麼一趟，祝祂生日快樂，不然心裡就不平安。

八天七夜的繞境進香，不但行經的六十幾個廟宇都虔誠相待，祝壽大典所在的新港，更是全鄉總動員。早在三個月前就開始洗草蓆、晒草蓆，為十萬香客們準備落腳處。除了香客大樓、鄉公所、民眾聯誼中心、老人會館全部出清之外，連學生都託媽祖的福氣，停駕的這兩天，奉天宮附近的學校硬是比全國學生多出兩天的假，因為學校也被徵用了，做為臨時的香客村。不過，孩子們也沒閒著，打掃完教室，鋪完草蓆，他們也趕回去排練，因為明後兩天，他們將要化身成為小虎隊、小獅隊。他們是在學習另一種課程，上的是真正的鄉土教材，這一課叫做「民間信仰」，或者叫「民間的力量」。

夜幕低垂，但媽祖，以及信眾隊伍都還沒有休息。對等待了一天或者說一年的小鎮，熱情才正燃燒，今晚將城開不夜。沿街他們備辦的香案、素果，是給媽祖婆解渴的。對於隨行的信徒，他們同樣備辦餐食，因為今天，至少是今天吧！大夥都是媽祖的孩子。是媽祖的孩子就是兄弟姊妹，而既然是兄弟姊妹，本來就應該真心相對待，真心博感情。

入夜後，香客們在廟方為他們準備的休息所在，隨臥隨躺，或者三兩聚在一起聊天交談，分享彼此隨團進香的經驗。一位阿婆說：「你有沒有看見將近十萬人，在行進中都沒有一個人中暑或者怎樣的？……。從新港奉天宮拜好之後，滿街都是人跪著，剛站起來的時候，一陣清涼的風吹過來，多好啊！好涼啊！我們問賣金紙的人說，怎麼這麼巧，她說這麼多人上來，不這樣子……。」往後的一路上，我們一直記得這位阿婆的臉。尤其是當她說著說著，不時搓揉著自己的膝蓋，但忽然關心的問我們說：「你們吃過沒？要吃，才有力氣上路喔！」還叮嚀我們說：

「要去鑽鑽轎底喔！這樣媽祖婆才會保佑你們娶到好老婆，嫁個好老公，保佑你們大家父母親健康。」那個剎那間，我們彷彿也都吹到了她所說的那一陣風，也覺得當下她的臉就像媽祖婆的臉。

又是一個白天過去了，媽祖婆又到了另一個村鎮。這個晚上，媽祖婆停駕在西螺的福興宮。信徒在廟中大殿的四周，或坐或躺就地補眠，或用自備的米酒，紓緩一下行走多日的筋骨，或三三兩兩閒聊，打發時間。等待凌晨十二點五分時，媽祖再度起駕之後，另一段漫長的路程。走過白天，走過夜晚，香客也罷，行經的村落中純樸的村民也罷，所有人或發願或還願，有所求或無所求，信或不信，眼神似乎都一樣，唯獨流露著二個字，曰「誠服」，而媽祖婆可是一句話也不用說。

走過三個白天，二個黑夜，走過一百四十多公里的路程，走過中台灣大大小小各鄉鎮，一九九七年四月十五日下午二點，大甲媽祖終於抵達八天七夜繞境進香行程中的最大站——新港鄉。在這裡，新港媽祖跟大甲媽祖將敘舊，話家常，同時讓孩子們祝壽。兩天後，大甲媽祖將再度起駕回家。姊妹情長，時間嫌短，但大甲媽祖知道，家裡不能沒大人。姊妹遠道來，地主當然開中門迎接，順便派出歡迎隊伍，說姊妹一路可真辛苦，這話絕對不是客套，而是事實。

隨行的香客裡面，除了傳統的陣頭之外，往往他們也自動組織一些特殊的陣頭，像環保陣頭。他們所攜帶的隨身道具，就是掃帚和畚斗。媽祖走到哪裡，他們就掃到哪裡。一路掃來，掃到了新港，新港媽祖的環保義工，當下接棒。穿黃色的屬大甲，紫色的屬新港。他們迎過去，依然是說：「一路辛苦了！你去休息，現在換我們來！」神情跟動作都真心誠懇，看在眼裡，只覺得感動，而且驕傲。不過也傷心，心靈改革叫了那麼久，阿輝伯要掃街，讚美的、批評的二方爭吵不休，可是我們的媽祖，可一句話也不曾說。

媽祖婆進廟休息，敘舊去了。走了幾天，大夥歇歇腳，胡說八道，甚至玩玩骰子，玩個小賭，我想媽祖婆心裡也都知道，慈祥如祂，最多也不過笑罵一聲說：「唉！這些三八囝仔！」如此而已吧。

多年的進香經驗傳承下來，現在的香客比以前進步也專業得多。蚊帳、蚊香只是基本配備，有的人甚至合租一輛貨櫃車，全部家當都上車。

夜深了，香客們橫七豎八的躺下歇息。問他們睡起來會不會難受？他們的回答是「可以睡還難過，人家媽祖婆可都沒睡！你們去看看，媽祖婆什麼時候闔過眼，祂如果睡了，我們怎麼會平安？……」媽祖徹夜不眠，信徒們可不曾。祂徹夜不眠，所以今晚信徒們在祂的注視下將睡得平安，睡得香甜。

祝壽大典預定早上八點開始。

跟著大甲媽祖走過三十幾年的阿婆善意的提醒我們說，要記得早一點去占位。八點，對習慣城市生活的我們，已經夠早了，而他們的所謂早一點，到底是幾點？沒想到清晨三點，抵達奉天宮廣場，那兒已經聚集了許多陪著媽祖徹夜不眠的香客，其中有的是參加繞境進香的香客，而更多的是連夜從南北各地專程趕來祝壽的人。慢慢的，人群從奉天宮的廣場，開始滿到周邊道路去。

八點一到，仙樂揚起。所有信徒舉香，面對媽祖所在的方向，靜默而虔誠的參拜。十萬張臉，只有一個表情，或曰「誠服」，或曰「感恩」，或曰「信賴」。

祝壽完畢，壽宴擺開。廚師、助手，甚至跑堂的，都是香客們自己來。不過所謂的壽宴，只是家常米粉或是鹹粥，但對信徒們來說，卻勝過山珍海味。因為他們說每一碗裡面都有媽祖婆的福氣，媽祖婆的保佑，還有媽祖婆的愛。

如果說慈濟是由知識分子所襄贊的一種由上而下，對台灣社會的再造嘗試的話，那麼媽祖的信仰，應該是由下而上的一種自動自發的草根文化吧！

一年一次，平日裡無處表達或者不知道如何散播的善意，在這八天裡，可以用最直接的方式，盡情流露。八天中人與人相處的方式就像在烏托邦，敵意撤防，行腳的時候相扶持，休息的時候相看顧。隨處可以睡，隨處可以吃，而且行止有禮，人人言善。這是台灣嗎？是的，這是台灣，是媽祖光蔭所及的台灣。但請讓我們再強調一次，這時候的媽祖可是什麼動作都沒有，連一句話也沒有說。

明天，丁丑年三月二十三日，是媽祖生日。恭祝天上聖母娘娘聖誕千秋。護佑國境之內，風調雨順，國泰民安。同時也在此許下一個小小心願，願台灣各地，天天都是媽祖生日。

南投

※那天，我們去看雪
※拉靈魂一把的撿骨師
※開心的綠化人

那天，我們去看雪

雪，光看似乎不過癮，難得的快樂，就被裝在筒子裡帶回來了。用它來泡茶，用它來當冰塊調酒，他們說這樣味道特別好。

我們沿著南投縣信義鄉境內的陳有蘭溪，溯溪而上。一路上我們看到的不是落石斷橋，就是無所不在的各種危險警告標誌。工作小組、心裡似乎明白了一件事情：等一下我們看到的將不是美景，而是傷痕。

十點鐘到達神木村華隆國小的時候，村長還有村人們，正好都聚集在那裡。奇怪的是，每個人臉上都有一種莫名奇妙的興奮。原來一大早醒來的時候，他們發現山上下雪了。才說著說著，自稱無業遊民的村民愈聚愈多，他們到學校來的用意是想去學校「魯」校長還有老師提早放學，好讓他們帶小孩子上山玩雪。他們的理由一大堆，有的說把這個當做戶外教學啦！上地理課、自然課啦！還熱情的邀校長及老師一起同樂。校長則一直說：「不行！不行啦！下午老師和校長都要開會！」

看著家長在外面攪和，小朋友消息靈通，一聽到要去玩雪，心就不在教室了。老師們說，或許是賀伯颱風嚇到不少學生，所以這半年來，這裡的家長，對小孩子的照顧特別費心。不過村民的講法好像比較坦白而實在，他們說颱風過後，田園全毀，反正大家沒事幹，閒著嘛！

或許是賞雪的機會不多，更或許是太閒了，午後，神木村的居民幾乎全村出動，好像是奉雪之命，點閱召集，不來的就不算是神木村的居民一樣，一戶接一戶的在塔塔加附近陸續聚集。

村長除了要負責指揮交通之外，還得和各家各戶寒暄，就像廟會祭典裡的主會一樣，忙得連衣服都忘了加。他說，上一次全村上山，是用雙手雙腳爬上來躲洪水的。這一次不一樣，是開車上山賞雪呢！他說，從颱風到現在，今天是神木村的居民笑的最大聲的一天。

塔塔加的這一場雪，來的似乎正是時候，村長說：「你們也來的正是時候，不然，你們拍到的可能是一堆愁眉苦臉，聽到的可能是一堆苦水。而雪一下，一地的白，再怵目驚心的傷痕，也都被蓋掉了！」或許真的是這樣吧！午後的塔塔加，充滿了起落的、興奮的叫嚷，還有笑話的聲音。半年前同樣的山上，哀號、求救、痛哭的聲音，山下的人不一定聽得見，而此刻，山下的人同樣還沒有聽到他們半年來難得的笑聲，所以他們獨占了落在自己家園的雪，雖然家園依舊傷痕累累！

雪，光看似乎不過癮，難得的快樂，就被裝在筒子裡帶回來了。用它來泡茶，用它來當冰塊調酒，他們說這樣味道特別好。這話我們聽得懂，因為不管是酒或茶裡面，這下子加進了半年來難得的快樂。或許今天難得的開心，談起風災當天的慘狀，談起復建進度的緩慢，竟然都可以沒有悲情，沒有怨懟，反而把它當做笑話。有一位官員還用國父的話來安慰他們：「沒有絕對的破壞，就沒有絕對的建設！」只是大家都在問，破壞了那麼久，建設為什麼來得這麼慢呢？

第二天，雪停了，村民帶我們去看神木村的精神標誌──神木。雖然經過賀伯颱風、土石橫流的浩劫，神木依然和村民長相左右。樹，既然還在原來的地方活著，人看著，似乎就有力氣。幾十年來辛苦闢建的良田，雖然都已經成了巨石纍纍的荒原，但是他們並不放棄，一切重新開始。雖然放棄要比重建容易，可是就像一位村民所說的：「田園就像一個孩子，養到二十多歲了，現在碰到車禍，缺手斷腳的，叫你拋棄，你難道割捨得下？再生一個當然會比較快，但是再生一個，難道就不用撫養？」

如果說賀伯颱風有什麼貢獻，大概就是洪水流下來大量的木材。一位歐巴桑說，這些木材，他們用來燒熱水，大概兩、三年都燒不完。

神木村的第六鄰是被土石流，還有洪水損害最嚴重的區域。神木村在整個風災中，死了的五個人就全部住在這邊。第一戶被土石掩埋的，同樣也是這一鄰，就是村長姑媽的家。村長說姑媽在大雨傾盆的那個晚上，右邊是土石流，左邊是山洪。在這樣的險境中，她還是掙扎著，揹著孫子逃出來。目前姑媽還是沒地方住，暫時借住在人家的工寮，離山下村子的主要聚落大約一公里。姑媽苦中作樂的說：「住在這裡也不錯啦！每天可以省個把百塊，因為這裡離雜貨店比較遠，兩個孫子就不會整天吵著買東買西的。」後來我們看到她的大孫子，才認出來，原來就是在學校裡說他是全班受害最慘的陳育身。

姑媽的房子沒了，所以過世的丈夫沒有放牌位的地方。而警察局沒了，所以神木村就沒有放警察的地方。難怪他們有自己的順口溜：「流氓送綠島，警察起跑路，村民叫艱苦。」艱苦是艱苦，艱苦久了，就學會把昨日的痛苦，當做今天的笑談，不然日子怎麼過？

除了神木之外，村民說他們也想把梅花當做自己的村花，因為村子裡面的梅花，一樣沒有被石頭壓死，也沒有被洪水沖垮，還在這種下雪的日子裡愈冷愈開花。

山上太陽短，陽光一不見，氣溫隨著快速下降。比較其他人家，顯得寬敞的活動中心，此刻卻讓人覺得格外寒冷。災害才剛結束時，全村十分之九的人都住在這裡，吃大鍋飯。半年過後，雖然只剩下一戶人家，依然住在這裡，但是跟其他借住各地方的二十九戶無家可歸的難民一樣，正等待著政府的公文旅行，等待一個可以放置祖先或者在災害中過世者的牌位的房子。或許他們看出我們對政府機關效率的那種詫異吧！他們反而安慰我們說：「還好啦！才半年而已，你知道兩年前道格颱風受害戶，在同富衛生所已經住了兩年了！現在還在等待補助呢！」聽著，工作人員都沉默起來了。有人說：「怎麼愈來愈冷了？」有人說：「也許今晚又要下雪了吧！」

下雪好，白雪一蓋，再醜的傷痕彷彿就看不見了！

拉靈魂一把的撿骨師

就像，把靈魂從陰間拉上來一樣。當我們看著那雙平淡無奇的手，很難想像這一雙手可曾經拉起好幾千具屍骨。

一九九六年四月八日，我們來到埔里的第七公墓，這裡埋葬了三千多具客死他鄉的榮民遺骨。這些遺骨，原本是葬在埔里鎮的榮民醫院旁邊。民國六十九年醫院擴建，就把這些屍骨遷葬到這裡來。遷葬三千多個墳墓，意思就是把三千多具屍骨先請出地面，然後再依照撿骨的習俗，一道一道來安置。當時，負責這項大工程的就是廖煌柱先生。他道出了當年這一段現在已經逐漸被人遺忘了的機緣。不過，讓人難以相信的是，撿這三千多具白骨之前，廖師父並不是撿骨師。換句話說，廖師父第一次替人撿骨就是撿這三千多具白骨。他說，當年鎮公所要遷葬這三千多座墳墓的時候，定價是一具三百，結果因為當時撿骨的行情一具市價是七百。鎮公所開的這個價錢太低了，當然沒有人願意承包。後來廖師父知道了，認為這些榮民隻身來台、客死異鄉的時候，連一個為他燒香磕頭的親人都沒有，如果到這時候還是沒人願意出面關心他們的話，他們死後如果地下有知，一定感到淒涼吧！所以，他就找了七、八個他所謂的「俗擱大碗」、便宜又好用的老年工人，花了八個月的時間，一點也不馬虎的將三千多座墳墓一座一座挖開，將白骨一付一付的排好，在陽光下他們一次又一次的擺上水果、焚香燒紙錢。最後，再把整理好的白骨一一放入金斗甕裡面。終了，還需依照榮民的名字，唸一段敬鬼祈福的話。這樣的耐心跟細心，令人佩服！

「其實，中國人自古以來是安土重遷的。祖墳可以從商周一直埋到清朝，都是在同一個地點。不過，台灣人卻不一樣。因為是移民來到台灣之後，為了生活常常換地開墾，所以常常要遷徙，於是台灣人的孝順觀念就有所變通。子孫要遷徙，為了不使祖宗沒有人祭拜，通常就開墓撿骨。然後，揹著祖先的骨頭遷移到他處。如此一來，祖宗的遺骸就永遠有人祭拜。因為有這樣的習俗，所以，才有撿骨師這個行業。我相信過世的人也有一個大家互相疼愛的想法。我們這樣來對待他，他可能也會有這樣的心意來疼愛我們，就是這樣子。」講完話，廖師父又繼續工作去了。

當廖師父用細竹竿跟紅絲線小心翼翼拼湊著脊椎骨的時候，我看到他是用跪的，一直跪著……那時候我才真正了解，「互相疼愛」是什麼意思。即便已經是一堆白骨了，猶當他是一個人，連把他擺進金斗甕的時候，也要讓他坐得安穩、坐得舒服。

廖師父說，開棺後的第一步，就是伸手下去拉屍體的手。男的拉左手，女的拉右手。拉手表示親近友好的意思，當然，也有拉他一把的意思吧。就像，把靈魂從陰間拉上來一樣。當我們看著那雙平淡無奇的手，很難想像這一雙手可曾經拉起好幾千具屍骨。

廖師父的助理說，最近因為封棺材的材料愈來愈好，屍體保存完善不容易腐化，「蔭屍」（也就是沒有完全腐化的屍體）愈來愈多。要是拉到那種爛一半的，肉還紅紅的黏在骨頭上的屍體，全身會有一股臭味，回家，臭味都洗不掉。所以，他老婆老是反對他繼續從事撿骨這個工作。不過，他說太太反對也只是嘴上說說，都做這麼久了，還不是天天一起吃飯，一起睡覺。而且，當年要是沒有廖師父，那三千多具離鄉背井的榮民的白骨怎麼辦？他說，做這一行，就算是積德吧，福氣留給子孫去用！

午後，死者已經安穩又舒服的坐進了新居。而家屬們也在廖師父的教導下，祭拜完畢，慢慢回家去了。死者就拜託土地公照顧了！家屬們可能馬上就把剛剛才真正跟自己過去的親人拍過肩、拉過手的廖師父給忘記了，可是，廖師父並沒有忘記約定。他傴僂著身子，腰間掛著隨時跟生人互通消息的遠程無線電話機，手上拿著準備為死者遮陽的傘，踩過熟悉的墳堆，又將去拉起另外一個人的手了。把他們從陰濕的土裡，重新又拉回陽光燦爛的人間。這是他拉過的第幾次手？他可能也不記得了。

開心的綠化人

連顏色這種東西在台灣都被賦與政治意義的現在，其實，人們經常忘了，它只是一個最純粹美麗的大自然的顏色罷了！

一九九六年八月十四日，出外景的路上車塞在高速公路，車子停在高速公路中央，我們第一次非常認真地看著種在分隔島以及兩片坡地上的植物。因為這些植物，或者說這些植物的顏色，跟我們今天要拍攝的主角有關。

我們到達目的地的時候，屋子裡剛好有人出來，工作人員一眼就認出眼前的人一定就是我們今天的主角，綠化人——陳振盛先生。工作人員學著某個廣告的語氣說：現在，這樣好認的人已經不多了！陳振盛先生的確非常好認，綠長褲、綠色上衣、綠色的鞋子，手上還抱著一把剛摘的綠色番薯葉，而且，還戴著一頂「綠帽」。

在水土保持局工作的陳先生，工作上注定跟綠色難捨難分。一九六六年他在南投魚池鄉大雁地區，建立了台灣第一個綜合水土保持處理區，後來成為台灣政府推動水土保持的典範。一九七五年到一九八三年，他則為台灣第一條高速公路做了綠化和美化的工作。

而生活上跟綠色的結緣，則是因為他十幾年前聽到的一個故事。故事說，早期倫敦大橋是灰色的，很多失意的人散步到那裡之後，走著走著愈走愈覺得絕望，於是便跳下去自殺了。後來，當倫敦大橋改漆成綠色之後，不少原本準備自殺的人看見綠色就回頭了。從那個時候起，陳先生除了工作之外，更下定決心要讓生活完全綠化。

陳先生的家裡面，除了牆壁的顏色之外，從窗簾、被套、床單到茶杯、鍋碗瓢盆，食衣住行各方面全面綠化。屋裡屋外則種滿了綠色植物，隨時招蜂引蝶，而且讓屋子裡面自然涼爽，「從此不必開冷氣！」陳先生說。

那天午後，我們聽見從浴室傳來陳先生深情款款、纏綿悱惻的歌聲，而且竟然還拿著蓮蓬頭當麥克風練唱。後來我們才知道，原來陳先生竟然是一邊替種的芽菜澆水，一邊唱歌給它們聽。陳先生堅信，並且用事實證明，植物在歌聲的撫慰之下，可以加速生長。我們一聽，當下全部愣在一邊，宣布陣亡。唯一一個還保持清醒的工作人員不可置信得有點不敬地說：「那些芽菜該不會是被嚇大的吧！」

陳先生從頭到腳一身綠的打扮的確非常「有特色」。不過，這當中可是有著一段「心路歷程」。

「我以前開始這樣穿著的時候，買東西實在非常難買。想買一件綠色的襯衫找了好久都找不到。後來，我女兒為了要送給我當生日禮物，找遍了各大百貨公司才買到一件絲質的綠色襯衫。

我把它穿到領子都洗壞了還換個面繼續穿。不過現在就很容易買了。」陳先生這身打扮，也曾經帶給他一些哭笑不得的難忘經驗。有時候他到朋友家找朋友，因為朋友家裡的人不認識他，開門的時候一看見陳先生，馬上就說：「掛號信嗎？我去拿印章！」

「我父親剛剛開始宣導綠化的時候，他一身綠色打扮我實在很不適應。因為那時候我還在求學，每次爸爸在電視上宣導綠化，第二天到學校同學就會跟我講說：『喂！陳孟祥我跟你講，我昨天在電視上看到你爸爸喔！他戴綠帽子耶！』他們都很喜歡強調戴綠帽子的事，我聽了非常不以為然，會很受不了的說：『那你想戴嗎？』」陳先生的兒子陳孟祥說著這段往事。

「到了踏入社會以後，那時候我在台北工作，我爸爸有時候會去看我，他會穿那種淡綠色的皮鞋，那種鞋不只我沒見過，連我的同事也都沒看別人穿過。所以我爸離開的時候，他們就跟我說：『喂！陳孟祥你爸爸怎麼那麼新潮，穿綠色的皮鞋耶！』我就說，對啊！我爸爸是走在時代尖端啊！你如果喜歡的話也可以跟著來啊！」陳孟祥還建議爸爸，去當服裝設計師可能比較適合，因為目前的台灣綠色正「時行」，除了帽子之外。

不管被認為是郵差也好，有人笑他戴綠帽也好，兒子希望他當服裝設計師也好，或者，像小孫子叫他做忍者龜爺爺也好，陳先生聽在耳朵裡好像都滿歡喜的。他說，至少人家都知道，我就是跟綠色有關嘛！想到我就想到綠色，這不就是我的目的嗎？

陳振盛先生，果真是從裡到外，表裡一致的綠化人。女兒送給他的綠色襯衫雖然有一天會穿破，不過綠化的觀念則一定歷久彌新。陳先生不僅這樣相信，而且身體力行。綠色，成了他十幾年來工作和生活上的信仰。

至於政治立場上是不是也有同樣的綠色傾向，我們倒沒有問。何況，也因為對陳先生來說，那一點也不重要吧！連顏色這種東西在台灣都被賦與政治意義的現在，其實，人們經常忘了，它只是一個最純粹美麗的大自然的顏色罷了！我想在陳先生的心裡頭他一定也會這樣覺得吧！

彰化

- 鑼聲若響
- 耕海的人
- 員林石佛公與歌劇團
- 無處不飛花的田尾

鑼聲若響

每次都覺得那裡演出的人員是全世界最寂寞的演員，因為他們通常演給車子看，除了塞車，車子是不會停下來的。

一九九六年五月二十八日下午四點，經過鹿港小鎮，在路邊看到歌仔戲上演，非常難得的是竟然有很多觀眾，這種情形讓我想起小時候看歌仔戲的情形，想到麵茶、熱的酸梅湯，想到節慶的快樂。幾年前經過北部海岸邊的時候，也有歌仔戲上演，可是沒有半個觀眾，我和太太在那裡站了很久，不知道應該離開或繼續看下去？怕離開的時候影響演出者的心情。

時代改變了，在這裡我們看到歌仔戲的舞台上，背景用的是公寓，上面有水銀燈，還有公共汽車，可是誰說不行呢？我們既然能從電視去看歌仔戲，那為什麼不能在街道邊的歌仔戲布景用現代化的布景呢？台灣生命力再一次新而自信地展現。

我常想，現在電視的歌仔戲與小時候看野台戲最大的不同是：看野台戲除了看台上的戲之外，還可以看旁邊觀眾的反應，順便觀察人。在台北市其實還常發現有演野台戲的地方。以前常經基隆路返回新店住處，基隆路與通化街夜市口有一座廟，廟裡香火鼎盛，一年當中大概有三百天都在演戲，可是每次都覺得那裡演出的人員是全世界最寂寞的演員，因為他們通常演給車子看，除了塞車，車子是不會停下來的。

一直覺得台灣某些事物，除了保留傳統外，也能加入現代化的東西，那是台灣民間活力裡最讓我動容的部分。就像野台戲布景畫的是公寓，也許知識分子會因為傳統的事物加上如此不協調的東西而覺得不自在，但在台北市這麼一個現代化的城市中為什麼有些人常去尋找那種故意裝出五〇、四〇年代的店，而不會覺得這樣不對？那為什麼一個歌仔戲演出的時候，後面布景是公寓，就會覺得不對呢？

拍戲時，曾到屏東，屏東原本看來是一個非常純樸的城市，但看到街道招牌中竟然出現非常現代化的名詞，如「同性の戀」、「裸體語言」。攝影師李屏賓每次看到這些都會開玩笑說：「哇！真是後現代！」有一天我們兩人一下車，因為拍戲時皮膚曬得很黑，路邊賣水果的小販，竟然把我們當成外勞，對我們說起英文：「Hello, Amigo! Fresh fruit.」在屏東這樣的中型城市，因為外勞的引進，所以連賣水果的人都必須學講英文。

水果攤販講英文，歌仔戲的布景畫的是公寓，台灣就是在這種「後現代」的氛圍裡展現驚人的生命力。

耕海的人

工作只是為了存錢給小孩念書。這時候，我們彷彿看到一個專屬母親得意與驕傲的笑容。

●芳苑燈塔

芳苑燈塔，直立距離三十七公尺，爬上燈塔，真正領會到台灣是這麼一個海洋國家，放眼望去，三百六十度，可看到海平面和山，另外看到蚵仔寮及各種養殖漁塭，一直延伸到農田及遠處的山地。

午後五點，芳苑燈塔還未點亮，但舢板已經躺在平靜的海面上休息了，五點的街道也安靜下來。此刻走過寫著「王功甦醒」四個大字的精神堡壘時，忽然有一種突兀的感覺，彷彿有人充滿期待的想把這個日漸蒼老的漁港叫醒，讓它重新回到往日的青春歲月。

王功村原本是鹿港的前港，鹿港淤積之後，王功也曾風光過一時。但是在「台灣沒有三日好光景」的情形下，不久王功漁港也淤塞了，往日那種大船入港，船螺交響的情景，已不復見，只能憑空想像。今日的王功漁港，其實連魚都抓不到了，村民們所賴以維生的經濟活動是養蚵、種蘆筍，及養雞。

清晨五點的王功，真正甦醒了。首先醒來的是採蘆筍的婦女，她們做完早飯，便騎著車下田。那天一行人跟隨著黃美寶女士到她的蘆筍田去。早早出門有許多理由，一來是涼爽好工作，二來是蘆筍不會失水。不過黃女士說最重要的理由是怕被太陽曬黑了，尤其在這個地處水尾風大的鹽分地帶，一曬黑就黑到底了。那時我們也突然能了解她那一身頭巾、斗笠、長衣、長褲包得密實的用意了。有的人甚至半夜三、四點就下田了，頭上戴著像礦工一樣的頭燈工作著。

黃女士的先生是老師，村人都說他很勤勞，除了當老師之外，還種蘆筍、芋頭，可以種的都種，甚至還養蚵。三個小孩都已經大學畢業了，且都在外地，可是夫妻兩人，仍然該種的種，該養的養，沒有一項放棄。

蘆筍曾經一度是台灣重要的農產品，除了外銷之外，內銷的蘆筍汁、蘆筍罐頭也成了時髦而新鮮的食品，所以價格還不錯。但還是在「台灣沒有三日好光景」之下，大家的爭相搶種，造成產量過剩，價格大跌，於是許多人把蘆筍田改做養雞場，其實之間並沒有什麼必然的關係，反正都是一個時節裡熱門的行業吧！

清晨六點，養雞場的蒼蠅起來了，太陽出來了，汗也出來了，蘆筍田裡的黃女士一直沉靜的工作著，唯一可聽到的是蘆筍拔出來那一聲清脆的聲音。工作兩個小時後，我拔了兩斤，可賺八十元，這大概是我幾年來最豐富的清晨，因為通常這個時間我都還在睡覺。

相鄰的蘆筍田裡有一對夫妻也在工作著。太太說本來先生是種花生的，因為前一陣子車禍，田無法種了。現在天氣好的時候，她先生會出來幫忙挖蘆筍，當做是復健。

這位太太還說結婚二十幾年了，自從嫁至王功後，就一直種蘆筍，就這樣生活著。目前蘆筍一斤才四十元，如果鄰家來秤，準備拿到街上賣的話，一斤就有五十元，就算一天能賣一千元吧！一個月才三萬元。這幾年來每年大概只能賣到六、七萬元。至於工作只是為了存錢給小孩念書。這時候，我們彷彿看到一個專屬母親得意與驕傲的笑容。她說，大兒子剛從警察學校畢業，現在在彰化當警察，而且想繼續進修，二兒子也因父親車禍收入減少，便由念日間部改念夜間部。這種情形，讓我想到某一個晚上，母親與兒子在電話中商量家裡的事情時，那種貼心而彼此了解的聲音。

•王功漁港

王功的海岸地形屬於潮汐灘地，風大，潮差也大，而這片潮間帶的海平面上也就成為最好的養蚵地方。村民驕傲的說，王功出產的蚵，產量是全台灣第一，但是插蚵的漁民不但要看老天的眼色，也要看潮汐。如果說王功的婦女是和太陽搶時間，那男人們就是跟潮汐搶時間。五月二十七日早上九點是滿潮，也是最適合採蚵船出港的時間。九點十五分第一艘採蚵船出發，一批批漁民坐著船筏出海。他們大多數是一個人獨自出海，插蚵順便收蚵，工作至下午三、四點，等漲潮時才能回來；至於他們準備的午餐，通常是一包餅乾、兩塊麵包或是一個粽子。

如果說乘坐竹筏出海的居民，是「海軍艦艇兵」的話，另外一批騎著架高改良式的機器三輪車的漁民就是「海軍陸戰隊」或者是「海軍兩棲作戰部隊」。

這一群在淺灘地帶採蚵的漁民，為了搶潮汐，爭取更多的工作時間，他們自行設計了特殊的機器三輪車。他們把引擎架高，只要潮水低於引擎的高度時，他們就把握第一時間下海，為了爭取所有可能的每一分鐘，就像怕誤了班次的旅客一樣，最保險的方式，就是走到哪裡，等到哪裡！

機器三輪車行走過浮出的海灘中，如遇到要等潮退的地方，為了消磨等待的無聊，就是大夥聊天，至於內容是什麼並不重要，好像是只要人的聲音能蓋過海浪的聲音，人就可以贏過海。

早上十點四十分，潮水落了，「海軍兩棲作戰部隊」浩浩蕩蕩，聲勢驚人，奇怪的是這其中還包括一頭黃牛。當我們坐在車上，看著海水浸過駕駛座，看著車子走在根本看不到底的海上，唯一的依靠，是這一群人自若的神情，以及一頭碩果僅存「耕海」的牛，那種毫不在乎的樣子。

車子到達各人田地的時候，水深依然到達膝蓋，不過蚵架都冒出來了，也只有他們才認得出自己蚵田的長相。由於這樣的工作時間，只有短短的幾個小時，既要插新的蚵仔，又要採收，因此大家忙得連講話的時間都沒有了。寬闊的蚵田及沙地上，只有水的聲音以及搖動蚵殼、洗去外殼沙土的「ㄎㄧㄚ、ㄎㄧㄚ、ㄎㄧㄚ」的聲音。

一位採蚵的漁民說：「討海的工作是辛苦的，如果有別的工作，沒人想討海，兒子們也不想討海。年輕的一代，沒有人想要繼承父親們以前辛苦的工作。」

午後四點十分，一輛輛載滿蚵仔的水陸兩棲戰車回到村子裡。我們看到一座座堆滿蚵仔的蚵仔山。去殼後的蚵仔有大盤商來收，一碗四十五元，但請人來挖的工錢一碗是十五元，種蚵的漁民花的勞力、汗水、時間後所得的一碗蚵代價是三十元。

五點三十分後，滿潮，海水再度淹蓋整個蚵田，王功海邊也再度恢復寧靜。其實王功並沒有睡著，過了夜晚，採蘆筍的婦女將繼續與太陽搶時間；而採蚵的男人將繼續跟潮汐搶時間，一分鐘也不浪費。然而這樣辛勤、持續的工作著，一切只為了兩個最簡單的字——生活。

員林石佛公與歌劇團

台上，戲正熱烈上演，而後台戲班的日子，卻一樣尋常過。差別好像只是在台上一晃可能幾十年，而當下一分鐘就是真真實實的一分鐘，一點也浪費不得。

丁丑年農歷正月二十六日，員林石佛公生日。新文玉歌劇團依往例每年的這一天都在這裡演出。演「彭公」的阿花阿姨，或許怕我們看不懂，或者怕我們沒有耐性看，於是不厭其煩的把全本《彭公案》從頭到尾講一次。阿花阿姨如果知道我們來的目的是看她們，而不是看戲的話，不知道她會不會很難過？一定會吧！

其實我們已經看了她們一整天了。那天早上跟著車子，到達現場的時候，我們才發現，自己真的很久沒有看過野台戲了。舞台雖然和記憶裡面一樣簡陋，但卻因為有了現代裝備所以有效率多了。只見大夥分工合作，沒三兩下一個舞台的世界，還有一個戲班的真實生活世界，就這樣同時誕生。

舞台一旦擺設妥當，搬運工和布景工當下又活到自己的舞台角色來了。試音的試音，化妝的化妝，至於彩排，那就免了。演了一輩子的戲，劇碼既然人家挑定，上了台，主架構反正不變，其他小動作，小對白，完全是見招拆招。天天生活在一起的人，還需要什麼排演？知識分子常說的「即興演出」，對他們來說，只不過是生活裡面累積出來的自然默契，這不算學問。

文武場揚起，戲將登場，是很久沒有看野台戲了，台下我們看不到熟悉的各種點著礦石燈的小攤販。記憶裡面，他們賣的是什麼，好像不重要，重要的反而是那種亮晃晃的燈影所凝集而成的節慶氣氛。後台也看不到彭公當場解衣餵奶，或者替小孩子換尿布的畫面了。阿花阿姨說得好：「又不是拍廣告或者演連續劇，每個小孩子現在都比你們來得大了。我們現在啊！都嘛帶著孫子的照片，小旦早就變老旦了。」雖然小旦已經變成老旦了，戲棚下也沒有幾個觀眾，不過團主阿文伯倒說戲本來就是獻給神明看的，沒有人看，我們還是認真的演。不過石佛公是不是有看，我們不知道，但據說石佛公最靈驗的是六合彩，所以雖然廟不大，石佛公的金身也滿抽象的，但在今天，祂可不輸給湄州媽祖。就像爐主所說的，石佛公是當地管區，今天又是祂的生日，眾神裡面，今天祂最大。

台上，戲正熱烈上演，而後台戲班的日子，卻一樣尋常過。差別好像只是在台上一晃可能幾十年，而當下一分鐘就是真真實實的一分鐘，一點也浪費不得。

日戲結束，夜戲待會兒即將開始，所以爐主請吃飯的時間，不得不訂在不上不下的五點半。眾團員看來是盛裝赴宴，其實是化妝不容易，而化妝品也不便宜，所以只好頂著濃妝戲服過現實生活。或許是人還在戲裡頭，吃飯的時候，我們發現各個的神情就像劇中人，旦角細緻，武生粗獷，他們說這叫「境界」，叫「忘我」。說完眾人笑了起來。但是角色不同，笑聲也不一樣。

夜戲，人才是主要觀眾，為了吸引人，許多戲團，甚至都已經加演清涼秀了，但新文玉不來這一套，他們只加入現代節奏的流行歌。彭公跟著節奏抖，看見我們笑，阿花阿姨說：「你們這些年輕人喜歡聽流行歌，那我們先唱幾首給你們聽，吸引觀眾過來，觀眾來了，戲才開演。戲如果沒人看，演得再好都沒有用！」阿花阿姨淺顯一句，說的卻是一種傳播理論，叫「包裝」。雖然是這麼說，不過台下年輕的觀眾並不多，倒是生死之交的歐吉桑、歐巴桑比較多。

我不敢去問他們，不過心想他們會不會和我一樣，眼睛在舞台上，看見的卻是總也不老的彭公，於是就覺得我好像還在青春裡，在青春的記憶氛圍裡。起碼鑼鼓聲音依然那麼熟悉，它一點也沒老。

無處不飛花的田尾

盛開的花割了、處理了、也運走了。但一天的工作還沒有結束。花田還需要除草、施肥以及一支一支的摘掉多餘的花芽，好讓得天獨厚的那一朵盡情綻放。

一九九七年六月十九日，車過田尾，眼睛就開始應接不暇。難怪走過台灣許多地方的工作人員都不約而同的說：田尾是台灣最「色」的地方。在彰化，多花的不只是田尾，隔壁的永靖也一樣。不過永靖是以盆栽跟果苗為主，而田尾則是青一色種的、賣的都是花。

田尾花名在外，得感激的應該是濁水溪，因為濁水溪含土量特高，土肥又飽水，最適合灌溉花卉，所以日據時代田尾就已經是花卉的栽培區了。民國六十年左右，經濟起飛，大家對生活品質的要求逐漸提高，於是田尾就處處花田、規模暴增。

靠著濁水溪支流，八堡二圳的肥水田尾一年三百六十五天無處不飛花。花農林太太說：「濁水溪流到這裡是田的尾端，所以這裡就叫田尾。田尾、田中都是沿著濁水溪來的……；濁水溪的土雖然很肥沃，但種稻並不划算，因為半年中稻米的收穫率一分地差不多只有三、四千元而已……。」「種菊花從種到採收差不多要四個月的時間，也不好賺。四個月中要灑多少農藥在這裡？加上電費。電費很貴呢！花價便宜的時候，還是很便宜啊！」「我們說種花的人是最勇敢的，花價不好的時候都沒有人在抗議的……。」種了十幾年花的林正信先生話很少。我們笑他說是不是花多，話就不多了？他也只是笑。林先生本來是公務人員，單位要調他去宜蘭工作，他覺得離家太遠了，所以乾脆提前辦退休，之後才開始跟堂哥學種花。幾年下來，三分地不算大，但也經營得有聲有色。

林太太說：「像去年賀伯颱風後，沒花的時候，一打花喊價到一六〇元，若是便宜的時候是一打十五元啦！價錢差很多。颱風一來花會倒，大水來也會淹死，量一少價錢才會好。所以說天災來會損失，損失後量一少，花的價錢才會好……但這樣也彌補不過去……。」

賀伯颱風過後，林太太沒有去抗議爭取補償，不過豔陽下她倒貼心的接受了我們的抗議，把臉上的面罩拿掉。工作人員起鬨說：「哇！人比花嬌喔！」她笑得燦爛。而一早已經換掉第四件汗衫的林先生依然沉默。只偶爾會提醒我們說：「帽子要戴喔！要喝水喔！去屋裡稍微坐一下，避一下啦……」他只記著我們，不記得自己。後來我們才知道今天對林家來說有大事發生，是外地工作的二女兒回來了，回來準備訂婚的事。即便家裡有大事，但花還是要收的。

長大的女兒要嫁，拖一下沒關係，花不收卻會謝。割下來不趕快澆水處理也同樣會萎掉。林太太說「花比女兒還要嬌貴」。林家的二女兒講話非常秀氣，輕聲細語。她的爸爸故意不停的「吐槽」，她才急得稍微提高音量辯駁。她說媽媽從小就教她們女孩家要跟花一樣，講話、動作都要秀氣。但是林小姐說長大以後才發現不對，因為吵架都吵不贏。林太太在一旁說：「哪有這種事情，吵架是贏一時，老實才會贏一世……」我們聽了覺得林太太養女兒真的像在養花。

林太太說：「以前人說種菜的人吃的菜比較不好，但是我們種花的人，插花要插比較漂亮的，插了人家才會說你們的花比較漂亮，所以我自己插的花都是A級的……。」

女兒每個都一樣好，花卻不得已分A、B、C三級。最好的花要有三尺長，莖要直、要粗，花蕊也要大，就像選美，要量三圍。菊花，拜拜用的時候多，所以每年的清明節或是每個月的初一、十五需求量最大。不過送出去的花也不一定會全部被批走，市場供需本來就是殘酷的事實，賣不掉的花也不能拿回來，因為會影響第二天的行情，所以只能當殘貨處理。所謂殘貨就是一如垃圾一般丟掉。心痛的不只是花，還有每一朵花盛開前所有付出的心血。

盛開的花割了、處理了、也運走了。但一天的工作還沒有結束。花田還需要除草、施肥以及一支一支的摘掉多餘的花芽，好讓得天獨厚的那一朵盡情綻放。

林先生三分地的花田將近十萬支花，每一支花至少都得親手摸過一次，摘過一次多餘的花芽。難怪林太太說：種花雖然比種稻價錢好，但是種稻子哪需要像這般一欉一欉的摸。

花在種花的人手裡長大、收成，價錢卻決定在另外的人手上。種花的人輕聲細語，買花賣花的人競價喊殺，不過林先生不一定聽得到。出門的花就像出門的女兒，對於她們的歸宿跟去處除了關心也只是關心，除了祝福也還只是祝福。最多打個電話透過語音系統探個價錢，答案知道了只為心安，至於心血，自己都估不了價了，何況別人。

夜晚來了，林太太帶著女兒到街上備辦訂婚必需的東西，而菊花田的燈也全亮了！養花的確就跟養女兒一樣，在她們走出家門之前，林先生、林太太都要盡力讓他們光鮮亮麗，溫柔秀氣。

雲林

❀ 台灣正港荷蘭村
❀ 人人都是神農氏
❀ 路邊夜總會

台灣正港荷蘭村

墳中的人可能一輩子都在水中工作，不管種田或是從事養殖，只是大概也沒想到當可以躺下來休息的時候，還是要和水作伴，連一塊乾爽的地方都找不到，真正是「永眠黃泉下」。

幾年前去看景，經過台灣西海岸的某一個村鎮，發現村子的土地大部分都被淹在水裡面，幾乎淹到膝蓋的程度，而竟然還有人住，這是一種非常奇怪的經驗。路程中遇到兩位老兵，他們非常客氣的一定要請我們到他們家坐坐。到了他們家裡，兩位老兵告訴我們，所有的動作請放輕一點，因為只要動作大一點，就會把架高的或牆上的東西打濕。他們表示，這種情形剛開始時，晚上睡覺還會頭暈，因為睡在床上，月光照進來，水面的波動，就像在船上，看久了就會暈船、想吐。兩人自嘲的說：「當了二、三十年的陸軍？退伍之後還要當海軍陸戰隊。」當下覺得幽默，卻也悲涼。到了中午，要看報告新聞，發現老兵有兩部大電視，打開後畫面出現當時行政院院長郝柏村先生正在立法院義正辭嚴的與黨外議員辯論，可是當時聽到的聲音竟然是「白天也拚！晚上也拚！很辛苦，來！喝一杯……」時，一時間我們楞在那裡。原來這兩部電視都是檢來的，一部是有畫面沒有聲音，另外一部是有聲音沒有畫面，一部是播出華視新聞，另一部則是台視「天天開心」，所以造成這樣的狀況，讓我像是進入末世紀一個非常荒謬的情境裡。

離開時，心情不太好，覺得好像沒有人為這群人做些什麼？可是他們卻很樂觀的要我們告訴台北的大官們：「大陸淪陷了沒關係，台灣可不能淪陷，可是也滿危險的？已經淪陷到膝蓋了！」幾年來一直對這樣的村莊念念不忘，這次我們知道，這個地方呼「金湖村」，雖然水不在了，但整個村莊仍在海平面之下。

四月初來到金湖村，清明剛過，村邊沉浸在水中的墳墓上，看不到掃過墓的痕跡，景象顯得荒涼而寂寞。墳中的人可能一輩子都在水中工作，不管種田或是從事養殖，只是大概也沒想到當可以躺下來休息的時候，還是要和水作伴，連一塊乾爽的地方都找不到，真正是「永眠黃泉下」。

雲林沿海地區持續的地層下陷，金湖村是比例上與海平面落差最大的一個村莊。淹水是這裡的家常便飯，村民形容「雷聲若響，就等著害怕」。水不但淹入家裡，也淹過原本興旺的養殖魚池，於是他們自嘲的說，他們是全台灣最海派的放生人，只要大水一來，流走的鰻魚、蝦子、魚價值千萬，甚至上億。但好心卻沒好報，全村近三十公頃的土地，如今全部閒置，前任鄉長曾是養鰻大戶，也遭到同樣的命運。他的三層樓洋房，早年是當地主要地標，現在變成廢墟。村長的小孩似乎都是游泳健將，因牆上貼滿各種游泳競賽的獎狀，只是不知道是淹水前學會的本領，還是當年為了準備隨時逃命所先練就的功夫。

民國七十五年的韋恩颱風，徹底改變了整個村子的命運。大水淹過整個村莊，養殖業全部泡湯，原本可以種田、種菜的土地，也因泡過海水，鹽分增高，不能種植，村民也不得不轉業，開始養起各種水產品，然後再超抽地下水，這樣持續地惡性循環著。

由於房子不斷下陷，當下陷到某種程度時，就必須往上增高，或遷移到另一個地方，所以在村裡到處可看到「移屋、升高」的廣告。四月開始的雨季，老先生說「只要天一黑，就發抖的等待著」，因為只要下雨就會淹水，屋內到處可看到水淹過的痕跡。一戶原本要開始施工挖洞，將起重機塞至洞內準備遷移的房子，挖開地面卻湧出大量地下水，所以只能先停工，在四處做「束井」，抽掉地下水，至地層乾了之後再施工。這期間，住戶內的居民生活起居均移至屋外。

也許就像所看到強大的地下水，讓屋主認為地層下陷與超抽地下水二者基本上沒有很大的關係，反而是十年前的韋恩颱風把外傘頂洲整個沖刷掉，才是重要原因。他認為外傘頂洲本來就有自動調節潮起潮落的天然作用，那一條海溝在那次颱風之後便淤積了，因此水面一直高過地面，漲潮的水無法排泄出去，這才是淹水的主要原因。原因無法消除，一次的房子升高後，能維持多久的時間，沒有人知道。至於是否想搬到外面去住，老先生責任感十足地說，他是村子廟裡的第一人，如果連他都離開，整個村子恐怕就要散了。

淹水導致田地無法耕種，養殖業蕭條，村子裡沒有經濟活動，青少年人口自然外移，只剩下老人與小孩。人一旦少了，水鳥就都來了，各種不同的鳥類在此大量繁殖。

有位老先生說，十六年前蓋目前所住的房子時，房子高度高過馬路，約和他的孫子一般高。

如今他的孫子才念高一，馬路填了三次，房子已經比馬路低了。就像村子其他人一樣，他的四個小孩全都在外縣市工作，養家活口，二位老人家負責照顧所有的孫子，一共十二個，年齡都差不多，小時候餵奶，只換嘴巴不換瓶，光奶粉，一個星期就吃掉一箱。

或許是施工頻率太高了，我們看到一棟正在升高的房子，另外一棟已升高（三呎多）完畢正準備重建。也許是村子裡的人少，所以別人家的事好像也變成自己的事，有位婦人就來幫忙推土、鏟土。可是也不一定每個人都有錢可以把自己的房子升高，因為一棟房子遷移、升高的費用大約要二、三十萬，加上重新整修、鋪地、填土、裝滿，整個花費可能超過七、八十萬。沒錢整建的人只好隨它去，婦人說：「大水來的時候，只能門關一關，椅子疊一疊，然後睡覺去了！不過睡覺前，門要記得鎖，不然家裡的鍋子、爐子、鞋子、棉被……，都流到別人家裡去了，而外面的垃圾反而流到家裡來。」

臨走前，我問村民他們對這個村子未來的希望是什麼？希望政府能為他們做什麼？他們說：「政府也幫不上忙，堤防每年加高，加到最後也沒有辦法加到比天高吧！就讓它淹吧！到時候小鳥會來，這裡就會變成水鳥觀光區，可以用潛水艇潛到下面，看看以前所住的房子，那不也是一個世界奇觀嗎？」這種近乎幽默的絕望，不又是另一種台灣生命力的展現嗎？只是這樣的展現似乎太過悲涼了吧！

人人都是神農氏

人是靠天在過活，路邊隨便一根野草也都有它的功用，只是我們不懂得運用而已。

一九九六年六月十二日來到雲林縣大山村時，自己心裡有一種非常特別的感受。故鄉是台北縣瑞芳鎮大山里，一九七八年之後，全村搬光，所以大山里就從此消失。走進大山村，好像看到故鄉重生。老家大山里產金，大山村則是台灣少數稻子與藥草合種的地方，所以大山村的村民應該是不折不扣的神農氏吧！也許是吃自己的米以及吃自己的藥草長大的，所以內外兼顧，大山村的人看起來都特別壯碩，地陪阿匠先生（楊輝雄先生）也不例外。阿匠的家裡以前是種藥草兼種水稻的，現在則是種水稻兼種藥草，原因是藥草的銷路一年不如一年。他說還好我們來得早，才可以看到這麼多種的藥草，再過幾年，可能只能看到草而沒有藥了。

採訪途中下了一場雷陣雨，當我們急著躲雨時，發現田裡的工人，卻連頭也不抬的繼續在割那一大片水豬母乳。因為前幾天下了一場大雨，有些藥草快浸壞了，再不割下來就會爛掉。這一片藥草田的主人叫「旺伯」，是村子裡少數幾個堅守崗位、沒有兼差的藥農。他光著上身，在田裡工作，一點都不像是一個七十多歲的老人。問他為何能如此生龍活虎的，旺伯指著田裡的水豬母乳說：「我三餐都吃這個。」

大山村就像一個超大型的青草店。一路上阿匠會指著路邊、水溝邊看起來不起眼的雜草說：「這是……，那是……，吃什麼，治什麼的。」城市鄉巴佬的我們也會指著一些不知名的草問著，阿匠卻幽默的說：「這是番薯，那是花生啦！是治肚子餓的！」

大山村栽培藥草的始祖應該是一位阿公，李川參先生。李先生由於中風，現在已經不能種藥草了。問他有什麼藥草可以治他現在的病時，他笑了笑說：「現在二、三十歲就有人中風，有的嚴重、有的卻沒事，但一個人的命運是很難講的，我自己可能是命不好，沒辦法的！」就像村子裡所有的人家一樣，阿公家小小的院落裡種的全都是藥草。阿媽說：「以前阿公常常去採藥草或是收購藥草，從新竹到恆春，一去就是好幾天。自從中風後才無法工作，要不然現在哪能看到他的人，別做夢了！不知道會跑到哪裡去！」阿媽又說：「大山村的藥草以前都是外銷日本，現在日本人都向韓國、大陸買藥，藥草的價格比不過別人，當然賣不出去。」種藥草很花工夫，因為種藥草不能噴太多農藥，可是雜草長得又跟藥草很像，所以只好靠人工一根根的拔，像拔白頭髮一樣，轉眼間好像大山村所有人的歲月與青春也就這樣拔掉了！

傍晚回到阿匠先生的家，他家依然是大山村的一貫作風，連後院的盆栽都是藥草，種的是石蓮。臨走前，阿匠先生的爸爸請我們喝石蓮汁，他說喝石蓮汁可以降火、固肝，夏天的時候，這裡的人都這樣喝。問他秋天、冬天有什麼可以喝？他說：「當然有，人是靠天在過活，路邊隨便一根野草也都有它的功用，只是我們不懂得運用而已。」這已然是一句哲學層次的對白了。

離開大山村時，天放晴了，也近黃昏了，可是旺伯仍趕著搶收水豬母乳，然後用最後一道陽光，把水氣曬乾。藥草平攤在馬路上，奇怪的是，整條馬路看不到一部車，因為這是一條無尾路。旺伯說：「政府不曉得發了什麼神經！馬路開到一半就不開了。這樣也好，要不然這些藥草，還不知道要拿到哪裡去曬！」政府錯誤的政策，也不一定對百姓不利，難怪我們的政策常常錯誤，而且也沒有人認錯過。

講到藥草，想到小時候住在鄉下，必須要認識許多藥草，因為臨時發生某些狀況時候會用到藥草。如六月雪是治摔傷、止血用的，金狗毛亦可止血，珠仔草是清肺的，因為父親是礦工，所以要煮珠仔草給他喝。另外仙草在夏天是退火的……等。

以前山上有很多蛇，老人家怕小孩上學時被蛇咬，所以都會給孩子們準備一種藥草頭，放在書包中，萬一被蛇咬到時，要嚼藥草頭，把汁吞下去，藥渣則塗在被蛇咬到的部位，這樣可以暫時拖延一段蛇毒進入體內的時間。孩子們從小就被這樣教著。但是藥通常是備而不用，所以那一塊藥草頭就從小學揹到中學，經過書包中便當的菜汁長久浸泡，久久下來，那塊藥草頭已經變成黑色，像木炭一樣。有一天，一位同學被蛇咬到，大家都不約而同的一齊從書包中掏出那塊黑黑的東西叫他嚼，當時只看到那位同學有點猶豫，那種感覺就像是說：「我寧可讓蛇毒進入體內死掉，也不要吃那個像木炭、聞起來有油豆腐、鹹魚、五味雜陳的味道的東西。」

路邊夜總會

如果他們是在KTV裡，看著電視畫面和一群好朋友非常開心的度過一個愉快的夜晚，那跟知識分子的娛樂，又有什麼不同呢？

記得小時候，台灣流行原子，什麼東西都叫原子。外國是原子彈、原子反應爐，我們比較文明，是原子褲、原子襪、原子衫，幾年後發現台中有一條街叫原子街。可是這年頭流行電子，比如電子遙控器、電子變速器，還有一種特產叫「電子花車」。

提起電子花車，許多朋友一聽到，簡直就像看到仇人一樣，說它是台灣文化低落的證據，但台灣的文化什麼時候高昂過？但對某些人來說，只要提到電子花車，他一定說：「哦！那個熱鬧，有面子、有氣氛，俗！有夠力，是台灣生命力的象徵之一！」為了尋找這種台灣生命力的起源，我們找遍全省。大部分業者都非常謙虛，拒絕承認是開山鼻祖。後來我們到了雲林台西，遇到了遠東綜藝團的凌建雲老闆，他也不例外，不過倒願意接受自己是「電子花車先驅」的事實。年輕時的他養過蛤仔、養過魚，還開過雜貨店。經營這個行業已經八、九年了，當初只是看起來滿好賺的樣子，就先看人家怎麼做，然後再加以研究發展，目前他擁有四部電子花車。媳婦本來也是唱歌的女孩子，現在不必唱了，不過人手不足的時候，她還是要上台客串當主持人。看看凌老闆的經歷、腦筋與幹勁，就好像看到台灣中小企業業者的典型，眼睛快、腦筋快，要跑、要改行都很快。

與凌老闆的訪談中，他說，這個行業最興盛的時候大概在大家樂要轉換為六合彩的時候，有時一個月要做二十八天的晚會。現在請的喜事、喪事都有，但喜事較多。喪事一般是請「孝女」比較多，請唱歌的話是活到八、九十歲過世的「大福」才有，年輕的沒有人這樣做。

凌老闆的遠東綜藝團的標幟是一部飛機，他說當初幫他設計車子和畫招牌的人，首先幫他找到的是遠東紡織公司用的「梭子」，但鄉下人又不知道那是什麼東西，同時也覺得那個太小了，又看不清楚，不如找遠東航空公司比較好，飛機看起來比較大，而且公司也比較大，所以他們就在車上畫了一部大飛機，可是實在有些不好意思的想告訴他，飛機上面英文寫的是United——聯合航空公司，可不是遠東。

當晚很榮幸的跟他們來到鄰近村子一個表演的地方——是一個小小的廟壇，提供表演的是「活跳蝦聯誼會」，從不知道台灣有這種聯誼會。不過親眼目睹在短短十五分鐘之內，他把一部十二噸的電子花車展現成一個超大型舞台。在這個花稍的舞台上，有燈光、有乾冰，甚至還有火焰，看到老闆用遙控器控制各種火焰與乾冰時，才了解為什麼叫「電子花車」。

花車上的電子女郎並不是專屬綜藝團的，小姐是跑場的。每個小姐每次唱四首歌，前兩首穿大禮服，後二首穿貼身小禮服，凌老闆說他絕對不做「涼的」，「涼的，是不是賣冰？」「不是啦！是那種什麼都沒有穿的！」電子女郎唱四首歌的報酬是八百元，當場領，當下覺得唱歌的女孩被剝削了，不過她們一天最多可跑六、七場，以七場算，一天五千六百，一個月有十六萬八千元，當下覺得該被同情的彷彿是自己才對。

這場表演接近尾聲，當地的一些人仍不死心的坐在最前面，每個人都興高采烈的手舞足蹈，站在旁邊看著，想到如果他們是在KTV裡，看著電視畫面和一群好朋友非常開心的度過一個愉快的夜晚，那跟知識分子的娛樂，又有什麼不同呢？

電子花車從十年前的小發財車到六噸卡車改裝，到十二噸，到未來十六噸貨櫃車改裝的大舞台，裝台時間不超過二十分鐘，而這樣的設計完全出自不見經傳的工匠之手，如果從這個角度看，那不真是展現了某種台灣特有的生命力嗎？

嘉義

* 高山鯝魚的守護人
* 八十五高齡的苦行僧

高山鯝魚的守護人

巫醫是神選擇的。有一天，神選擇了他，教他與神溝通的方法，然後他就成為服務村民的先覺了。

一九九六年六月十四日，走進山美村，不知道是海拔較高，還是路遠，只見到處是青山綠水。接近正午的山美，如果不是蟬聲擾人，我們似乎忘了山下已是暑氣逼人的盛夏。

「山美」，鄒族的原名是「SA Mi」，我們猜是平安、溫柔、悠閒、合群的意思。或者就像譯名「山美」，如此直接而傳神。不過山美村中達娜依谷在鄒族的語言裡，果真是平和寧靜的意思。達娜依谷的高山鯝魚與櫻花鈎吻鮭並列為國家級的國寶魚，然而看到如今有些魚滿為患的達娜依谷，或許不相信，在四年前，高山鯝魚幾乎瀕臨絕跡。鯝魚溫和、合群，喜歡逆水而上，是鄒族傳統精神象徵之一。他們怕鯝魚沒有了，鄒族的精神也將渙散了，於是山美人在村長的精神號召之下，組織了管理委員會，一年三百六十五天，每天二十四小時輪流守護著達娜依谷，嚴禁毒魚、濫捕，四年後，達娜依谷再度恢復往昔鯝魚成群的面貌。

輪流護溪的行動到現在仍持續進行著。他們說：「自己不毒魚、不濫捕，但誰能保證外來的人不會這樣？」外來的人是誰？是習慣性忽略少數人的信仰與傳統的人嗎？

也許是合群的傳統吧！山美村是我們所到過的山地村落中年輕人最多的地方，甚至很多是在台北完成教育或工作後仍選擇回到出生的地方來。我們看到他們穿著鄒族傳統服裝、戴著羽毛頭飾，合力製作竹器的神情是如此專注而愉快。與他們閒聊中，他們表示很認同「高山青」這首歌，因為這裡的女孩真的都很漂亮，男孩也長得高又壯，如同歌詞中所寫的一樣。當多數年輕人都往城市去時，為何山美村裡仍有許多年輕人願意待在村裡？一位鄒族青年靦腆的說：「這裡有許多東西可以學，比如打獵，沒學好，是不能出去的。」留著有很多理由，回來當然也有很多理由，甚至有人開玩笑的說：「回來找老婆呀！找老公啊！」但是最後都很正經的說：「想念這裡呀！所以就回來了呀！」

那天中午，我們在達娜依谷碰到輪值的巡溪人，當問他村裡有沒有傳統的巫醫時，他告訴我們他就是。午後，果然有幾位村民找他看病或祈福。我半信半疑的自己做了一個竹杯，裝了水，另外有人裝了米，就坐著掛號，準備就診。他口中唸唸有辭的與神溝通，手拿著避邪的樹葉在我做的杯子裡沾水，讓水滴在我的頭頂上，完成了看病的程序。他說我「左耳有點聾，聽不清楚」，真的有點準，因為當天我中耳發炎，身上還帶著藥，耳朵還真的有點聾。不過看完病，他並不會開藥給你吃，他治療的方法很科學，就是叫你去看耳鼻喉科醫生。

根據他的說法，巫醫是神選擇的。有一天，神選擇了他，教他與神溝通的方法，然後他就成為服務村民的先覺了。巫醫除了幫人看病之外，他甚至可幫人找尋離散多年的家人，找尋失物，甚至知道是誰拿了別人的東西，但他說他不能講，問他為什麼？他只是淡淡的說：「因為我不是警察，沒有牌，所以說了會被告！」

那天夜裡，山美傾盆大雨，打消我們本來要隨獵人出獵的計畫。雨停之後，我們忽然被一陣非常美妙的歌聲所吸引，是村民正在村中的活動中心練舞，男女老少齊聚一堂，儘管只是練習，卻仍然認真而肅穆。他們默契而自然的多部和音，乾淨且和諧的音律，有如天籟，令人感動。村裡的年輕人也來學，他們說不學也就忘了。不僅是歌唱、舞蹈，連鄒族的母語現在都得在小學中開課，讓孩子們學。我也學了，但也忘了，只記得一個字：「Fu Zu」，是山豬的意思，是第二天獵人答應帶我們去獵取的對象。

第二天早上，我們依約到達獵人的家中時，昨晚的歌聲彷彿還在山谷中縈繞。獵人是我們給他的稱呼。其實打獵只是他的副業或嗜好。他說從小學五年級開始，父親就帶他到山裡打獵，幾十年下來，如果一個禮拜不到山上跑跑，就會覺得不舒服。家中所擺設多副的山豬頭骨，是他一年來的戰果。「禁獵」兩個字對他來說，好像特別敏感。他一直對我們強調說：「山豬是可以打的哦！」我想告訴他，我當然知道，一個能保護達娜依谷，保護高山鯝魚的人，一定也會保護自己的山林吧！

獵人身上披的是可以避雨，又可當墊布、草蓆的山羊皮，手拿著從祖父時代所傳下的日式三八步槍改造的霰彈槍，腰間佩帶著銳利的山刀，利用白天到山區用樹枝埋設陷阱。獵人說：「兒子小學四年級，我就帶他來打獵了，現在兒子在當兵，很快就要退伍了。」我想像他與兒子在山上夜宿時，也一定會想到當年與父親在幽靜的山裡，某一次深刻的記憶吧！

由於幾天後，山美將舉行一個「鯝魚節」的活動，全村再度發揮合群的精神，除草、修路，用山美盛產的竹子搭建鄒族傳統的竹棚，製作竹桌、竹杯，準備迎接人數高達一、二千人的外來賓客。賓客來了、看了，也走了，只是在短短的滯留期間，除了看到鯝魚之外，他們是否也能看到在今天之前，山美的朋友們為了重建自然所付出的努力，那種真正百人一心的努力？

八十五高齡的苦行僧

我喜歡的反而是日出之前那一段等待，還有乾淨的天空、多變的雲彩，或許這就是靜觀才能自得的另外一種景色吧！

十二月天，還有如此豔陽，說來是一種幸福。

當你看到我的老鄰居——神木伯公，大家應該知道這裡就是阿里山吧！今天其實是滿重要的日子，因為我——阿里山森林鐵路，決定要寫一點回憶錄。

我誕生在民國元年十二月二十五日，今年應該是八十五歲了吧！剛開始的身高只長到海拔二千公尺的「二萬坪」，才六十六．六公里，現在則長到海拔二千二百一十六公尺的阿里山車站，所以身長變成七十一．四公里。一輩子總共生了兩個兒子、一個女兒。大兒子叫自忠線，不幸的它早就夭折，看不到了！小兒子叫祝山線，唯一的女兒有一個非常美麗的名字叫眠月線。

其實我最近正在養病，除了斷手斷腳之外，血液循環也不太好。本來我是不想見客的，不過人家說「念真情」的外景隊是來替我慶生的，多虧他們還記得我的生日，所以嘉義林區管理處熱情的工作伙伴們，就像要讓我上電視徵婚一樣，特別為他們開了一輛專車，讓他們好好的利用鏡頭來抓住我最美麗的容顏。

邱錦鴻先生，這位平時三棒子打不出一個屁來的課長，現在卻一心一意的要讓我在攝影機前展現最迷人的一面，一再告訴攝影師「獨立山」最美麗的螺旋型路線，在哪個點才能清楚看到我那最美麗的曲線。

劉和村，這個車掌，他小時候我就抱過他了，後來他接了他父親的職位，做了車掌之後，就再也沒離開過。聽說有一次要調他去坐辦公桌，他說他寧願坐火車，不然就要辭職，林務局沒辦法，只好讓他繼續坐這個免費的火車。你看，人家一搏起感情，就是一家人的兩輩子。

這輛專車現在只能開到三十五公里了，因為今年的賀伯颱風，一夜之間下了二千公釐的雨量，幾乎把整年的雨量在一個晚上全部下光了。人家說「鐵打的身體也經不起三天的瀉肚子」，何況這幾年來我身體就不太好，全身的樹林，大多數被砍光，阿里山都已經快變茶山了。水土被嚴重沖毀之後，我的元氣大傷。鐵路毀的毀，橋梁斷的斷，山洞塌的塌，要花一億一千多萬的醫藥費，才能勉強讓我復原出院，光想到這一點，我就心痛不已。

如果講起我歷年來因為天災所動過的手術，那些把我當做活歷史的人們都相當不滿現在這種破壞性的施工方式。山洞一塌，他們就乾脆把山洞挖掉、填平，從旁邊另外填一條路，鋪鐵軌，這樣的施工方式，省錢省事，以後也比較好保養。橋也是這麼做，於是原來的隧道有七十二個，補來補去，只剩下四十八個，橋梁本來有一百一十四座，現在只剩下八十座了。

山上的天色暗得特別快，整天忙著為我看病、復健的朋友下班了。阿里山公路雖然已經開通，但是他們已經習慣住在鐵路旁邊，我想他們是把我當做是他們家人吧！問題是我一生病，鐵路無法暢通，他們的交通工具就只剩下工程用的機動道班車了。人去山空，我最怕的就是這個時候，想到那一億一千多萬的醫藥費，有時候我實在睡不著，就任枕上的淚水點滴到天明。

一大早，我專用的救護車就鏗鏗喀喀上山了，給我載來一大堆砂石。從八月初開始，每天都有這麼一車一車的砂石水泥運到我受傷的地點，這種驚人的消耗量，我能不為日不敷出的家計而擔心嗎？雖然現在年老多病，但是我還是很感謝我兩個媽媽。第一個是生我、養我的日本媽媽，是她給了我強健的體質。另一個則是一九四九年後養我、用我、現在不得不養我的後母。話說回來，當我年輕力壯的時候，我也替這兩個媽媽賺了不少錢。雖然如此，人老了，要不是台灣老百姓看我老古椎，硬要留下來當紀念品，我早就被拆掉當破銅爛鐵拿去換麥芽糖了。

在阿里山奔馳了這麼多年，雖然世事多變，但我一直堅持一個原則，那就是「慢」。生命的種種，有時候是要慢才能體會的。快，或許是一種必要，但不一定有樂趣、有品質。也許有人說我老邁、落伍，比不上剛來不久年輕貌美、每天嘎嘎叫的阿里山公路，但是只要讓我載你一次，你一定會說：「慢，才是一種品味。」

講到慢，大多數的人都不知道，我還沒有換心臟之前，用的那種蒸氣車頭才叫做慢，如果火車坐累了，跳下來，小個便還跟得上。從嘉義到阿里山，司機們可要吃好幾個便當呢！

蒸氣火車頭已經不再走了；山洞橋梁已慢慢減少了，那麼大家為什麼還懷念我呢？說我魅力依舊？其實是託這些沿途風光的福氣吧！當你看向窗外，感受那種氣溫轉換，還有林相，從複雜變簡單到巨木參天的感受，那絕對不是自己開車上山的人所能體會的。有人說：「阿里山的火車會撞壁。」我當然不會自己撞壁！這句話是描述森林鐵路特有的「之」字型分道。因為我是一路爬坡上山的，每爬到一個段落，原本在後面推的火車頭會開到山壁的盡處，然後更換軌道，車頭變成往前拉，所以坐在裡面的乘客會有一下子前進、一下子退後的錯亂，搞不清楚車頭現在到底在前面？還是在後面？這樣的玩笑，一路上我總共要開它四次，常常把乘客的方向感弄得大亂，搞不清楚現在是上山還是下山？不過反正都是在阿里山上。

玩笑歸玩笑，旅客的安全還是最重要。北門檢車庫的技士呂錦榮就告訴攝影師說，因為我是森林鐵路，鐵路的坡度幾乎讓司機從頭煞車到尾，單從阿里山到神木煞車的次數，大概就比台鐵從台北開到高雄都還多，所以他每次檢查的重點就是煞車。

有時候看看周遭的一切，發現什麼都老了！自己老了、車廂老了、車頭老了，連這些工作朋友也都老了。八十五年來看過多少人為我付出心血、青春，甚至付出生命。想到這些，有時候真的讓我不禁老淚縱橫。光聽我這老頭子囉哩八嗦，實在沒啥意思，應該看看我那兩個可愛的兒女才對！看看天天充滿朝氣的祝山和溫柔害羞的眠月吧！

大清早五點四十分，拉著八台車廂的列車就準備從阿里山車站出門了，現在你該相信我這小兒子會打拼又會賺錢了吧！雖然今天生意還不算太好！

祝山日出，大家都說是台灣的美景。老實說，對我這樣一個老人來講，日出的意義是生命又過去了一天，而且日出不一定每天都看得到。看不到的時候，埋怨半天，看到的時候，眼睛又受不了，所以我喜歡的反而是日出之前那一段等待，還有乾淨的天空、多變的雲彩，或許這就是靜觀才能自得的另外一種景色吧！

祝山線是民國七十五年生的，年紀小了點，不過現在卻是家裡的支柱。我覺得祝山就跟日出一樣，充滿希望。它的誕生代表阿里山的伐木事業結束，也預告觀光時代的來臨。也許再經過幾年的歷練，我們阿里山鐵路的家族就全靠它了。

載回看日出的人們，回到家才九點，很多人說不定都還在睡覺呢！可是祝山線已經賺了一票回來了，我們應該讓它好好補個眠，不再吵它！

女兒眠月，說來慚愧，這樣一個好名字卻是日本人取的。日據時代初期日本人河合博士到石鼓盤溪做森林調查，有一天晚上，他躺在大石頭上看著明月緩緩升起，這時四周都是千年的參天古木，溪水在月光下泛著瑩光，他就在這樣的情境下酣然入夢。十三年後的一九一九年，當他舊地重遊的時候，那些古木都已經被砍光了！明月依舊，然而山林不在了，他為了紀念在溪畔林野與月光同眠的美麗回憶，於是就把這裡取名「眠月」，然後它就成了我女兒的名字。

眠月生性害羞，尤其是寒意甚濃的現在，整個山的顏色就像她害羞的臉，不過，你們可要穿過十二個景觀完全不同的隧道，才能看到她的面貌。然而我所擔心的其實也是這個，眠月的美貌一直藏在深山中，知道的人並不多，真怕她年華老去，寂寞依舊。雖然有人說：「不會吧！至少眠月有著名的大石猴跟她做伴，應該不會寂寞吧！」每當聽到這樣的話，我就生氣，跟一隻不會講話的猴子跟女兒做伴，要是你，你願意嗎？

台南

- 南化縣獼猴爺爺
- 日落而作，日出而息
- 學甲鎮鴿笭大賽

南化縣獼猴爺爺

一些專家學者，常帶著一群人用望遠鏡到處看，然後一本正經的交待爺爺說：「山上有很多鳥和猴子喔！要好好保護！」，他說這正應驗了台灣人常講的一句話「聰明的出嘴，傻的出力」。

我所住的新店某社區，幾年前為了賣房子而要拍廣告，廣告公司放了一些鴿子，然後用釣魚線綁在鴿子腳上，放了鞭炮，讓鴿子嚇得飛起來，再拍下鴿子慢慢下降的美姿。廣告拍完後人走了，鴿子留在那邊。有位老先生好心的去把線剪掉，菜鳥的鴿子不會飛走，所以老先生每天去餵牠們，餵到連天空飛的鴿子也被叫下來吃？吃到最後，共有四十幾隻。後來老先生的身體不太好，而且說一些老本快吃光了，所以不養了。鴿子餓到連車子來也不會躲，甚至慘死輪下，所以當下立刻下山買飼料，輪到我養。一大袋飼料，只夠吃一個禮拜，每次要一大鍋的飼料才夠，餵到後來有時較忙忘了去餵的時候，發現鴿子不但不感恩，而且成群的追逐到家裡來，排下一大堆排泄物，把所種的花草弄得亂七八糟，甚至到窗口拍著玻璃，不肯罷休。生氣之下不餵，換別人餵，但仍忍受三、四個月的攻擊，一種不太舒服的感受，覺得我給你什麼，你好像也沒對我好過。沒想到幾年後，遇到一位餵猴子的老先生？一餵餵了許多年，他不但把自己老本全都餵了，甚至為了要繼續餵那些猴子，還要賣地，花了五、六百萬。

早上七點半太陽剛出來，台南南化鄉東河村的山上，一大群猴子們，等待牠們的爸爸和爺爺送飯來。七年來，牠們一直是這樣等待著。其實爺爺與爸爸是同一個人，他的名字叫林鈉修，今年六十八歲，早年在日本公司當翻譯，退休後的職業是餵猴子。本來他應該是猴子爸爸，後來大猴子生了小猴子，爸爸立刻升格成了爺爺，只是這些兒子、孫子不能登錄在他的戶口名簿上。

民國七十八年，當時隔壁鄰居抓到一隻猴子，準備殺來吃，爺爺看到那隻猴子的手被捕獸器夾斷了一隻，躺在那裡很可憐，所以就用二仟伍佰元買回來照顧牠，等牠好了準備放回山裡，可是一直擔心斷了手的猴子要東西吃不容易，所以每天就固定時間拿些香蕉在路邊等牠來吃。沒想到來吃的猴子愈來愈多，爺爺的香蕉也愈買愈多。從那時開始，爺爺就天天餵這些猴子。猴子和人一樣，也會分角頭派系。現在山裡的猴子就分為三派，各派有猴王，一隻叫藍波，一隻叫黑龍，另一隻叫郝柏村。猴子的性情爺爺都知道，他說猴子跟人一樣，不但每隻的長相不一樣，性情也不一樣。

猴子多，爺爺很開心，因為有很多人可以和他做伴，可是麻煩也有；村子有人說猴子是大家的，所以觀光客來的時候，大家都爭取收門票。一旦猴子在外面惹禍了，偷吃客人東西的時候，有人又說：「喂！你家的猴子要管教好，不要放著到處踐踏。」爺爺想來也滿傷心的。

最近他覺得有些撐不下去了，因為所有退休金都花在猴子身上，光為了開山路，就花了五、六百萬元。政府雖然一天給他七百元的飼料補助金，但怎麼夠呢？所以他打算賣地，但有人勸他不如蓋廟，因為有人說現在台灣有三種行業最賺錢：選議員、當流氓、蓋廟，前兩樣爺爺不能做，有地蓋廟最好，不但做好心，而且賺錢。

養猴子雖然吸引觀光客，但他自嘲的說是賺垃圾、賺囉嗦。兒子說這些都可以忍受，不能忍受的是，一些專家學者，常帶著一群人用望遠鏡到處看，然後一本正經的交待爺爺說：「山上有很多鳥和猴子喔！要好好保護！」，他說這正應驗了台灣人常講的一句話「聰明的出嘴，傻的出力」。

猴子爺爺每天上山送飯的時候，通常也會帶一些麵包餵鳥，沒想到鳥和猴子一樣，愈來愈多，一旦多了，吸引了觀光客還有專家學者，他們將會賺到更多垃圾，更多的囉嗦！

爺爺好像也沒想過，已經養了這麼多年，萬一有一天不養牠們，這些已視為是他的子孫的猴子們要怎麼辦？

爺爺說，不久之前有幾隻小猴子調皮，愛玩水掉到水池裡淹死了，一隻跳下去起不來，另一隻就拉，這樣一隻拉一隻，一共死了十幾隻。當猴子的屍體從水池裡撈出來的時候，看到爺爺竟然七孔流血。爺爺雖然心酸，但也夠安慰了，因為他覺得這些猴子好像真的認識他，而且把他當成是唯一的親人。

日落而作，日出而息

八點半，別人一天辛苦工作的開始，對潟湖邊的龍山村民來說，卻是工作結束、一天休閒娛樂的開始。他們要打發的不是漫漫長夜，而是漫漫長日。

清晨三點的七股潟湖，月明星稀，雲淡風輕。海、天仍在酣睡。而靠海維生的人不但早已醒來了，而且已經工作很久了。是一種修養或一種習慣吧！他們沉默的工作著，而且盡量把剝蚵仔的聲音放到最低，像唯恐驚擾了他們賴以維生的海和天的靜默。

三點半，岸邊響起第一道漁船的引擎聲。王先民夫婦上班了。他們每天都比海鳥早起。引擎聲像鬧鐘，是要海鳥起床的信號，叫牠們起來洗臉，準備吃早點了。王先生說：「我們這裡有世界上最漂亮的潟湖。這裡也是各種海鳥和黑面琵鷺用餐、休息、生養和居住的地方。」

九月初我們接到一封來自七股的限時掛號信，信裡充滿對故鄉的自豪和讚嘆，以及巴不得早點和所有人分享的迫切。那種感覺好像恨不得把七股潟湖的豐饒和美麗，隨信奉上一樣。但他們也說：「要趕快來哦！晚一點可能就看不到了。因為說不定七輕隨時要動工了哦！」這樣的語氣中有一點怨嘆！

潟湖，就像老天恩賜的大魚網。漲潮的時候像張網，讓魚蝦游入；退潮時像收網，魚蝦滯留在外海沙洲和陸地所形成的大水族箱內，而人們就在這個大水族箱內，設下定置網，讓魚蝦進得來，出不去。這樣的漁網，王先生放了五十個，雖然因季節不同，收穫不同，但一年平均收入都在百萬以上。上班時間從三點半到七點，年薪百萬，這不但是錢多事少離家近，老天還奉送四時變化的自然美景。難怪王先生夫婦會從台北回到七股故鄉，而且和其他鄉民一樣，擔憂這塊樂土明天的命運。

六點半，太陽在不知不覺中升起。夫婦倆雖然只收了二十幾個網，但沒關係，該在的不會跑，而且中秋節將至，價錢會更好。而太陽起來，就該下班了！

漁船收網回來，蚵仔船接著出海，二船交錯時，蚵仔船的人喊過來，問收穫如何？王先生說：「不好呀！差不多才四、五千而已！」語氣和他臉上的表情完全不符。可是沒有人在意，因為誰都知道，這不是演戲，而是生活！

七點半，漁港內拍賣結束。到處寫著「反七輕，保衛七股潟湖」等等各式各樣標語的魚市場，慢慢沉寂下來。夫婦倆請我們到他們家吃早餐，他們客氣的說：「不好意思，沒有準備！一切都是就地取材，方便就好，不要在意！」然後我們吃了一頓非常「隨便」的早餐。菜單是紅蟳、鮮蝦、蔭豉蚵仔配粥，另外加一鍋熱騰騰的黑格魚湯，把滿到喉嚨的食物給沖下肚子裡去。

八點半，別人一天辛苦工作的開始，對瀉湖邊的龍山村民來說，卻是工作結束、一天休閒娛樂的開始。他們要打發的不是漫漫長夜，而是漫漫長日。這一天，社區全民運動會的主題是呼拉圈比賽，主角是長壽俱樂部的阿公、阿媽，還有小學生。剛剛從海上工作回來的人，也都趕來湊熱鬧。顏色鮮豔的衣飾，臉上怡然自得的神情。如果我們相信生活或工作的狀態，可以從一個地區的人們臉譜的抽樣看得出來的話，那在瀉湖旁的龍山村，此刻我們看到的是滿足。是這樣的滿足，讓他們搞不懂為什麼政府要填平七股瀉湖旁的龍山村，建立七輕來增加工作機會、改善他們的生活？

龍山村的白天彷如歐洲的安息日。人們在淡淡的清風下喝茶、聊天，等著吃飯、睡午覺、補睡眠。問他們說：「白天沒有人工作嗎？」「有，是『7-11』的阿伯，他連女兒出嫁當天都出海工作，是港警所出海登記簿上唯一全勤的好學生，甚至連颱風天封港的時候，也都偷偷出海去把蚵架綁緊！」「7-11」的阿伯李振生老先生說：「若有錢賺，就可以栽培兒女，這樣就有趣味了！」他說工作是人不做而已，如果要做，怎麼做得完？但他也強調最近可能要休息一、二天了，因為要去台北抗議，去反七輕。沒什麼大理論，就是因為跟自己切身吧！

七股瀉湖保護協會成立時，全村二千二百多人來了一半。「保護協會」名字看起來挺嚴肅的！其實成員就是平日一起喝茶聊天的自己人，差別只是在於來這裡聊天比較有主題一點，人多也比較慷慨激昂一些。

陳家旺先生說：「潟湖和我們這群討海人都不只是在這裡生活而已，我們對這片海都投入了感情。比如七股的夕陽，當你在黃昏時，坐在沙洲上，等待太陽西沉，視線寬闊，太陽看起來很大，而當它西落時，滿天彩霞，它所照下的黃色金光反射到海面上，閃閃爍爍，非常美麗！我是不會作詩寫詞，不然我就……」慷慨激昂也只是一下子，講沒幾句，他們就跟遠來的客人說：「講這些有的沒有的，真沒禮貌！」要我們坐下來喝茶，話鋒一轉，卻反而關心起我們的工作辛苦，要我們有空，常來這裡休息，吹海風、吃海鮮，完全忘了當初說要透過我們來傳達某些訊息的目的。

午後的潟湖，寧靜而安詳。

反七輕嗎？無法回答！自私的說，如果這一片海天，有了七輕，你會像此刻一樣想留下來待它幾天，讓自己也跟著這一片海天一樣寧靜而平和起來嗎？不會吧？

學甲鎮鴿笭大賽

因為是愛將，所以主人只好任人宰割，反正完全是一種賠了夫人又折兵的不爽，然而卻嘔在心裡口難開。贖回的愛將，順手一丟，讓牠平安回家，至於要不要教訓牠，回家再說吧！

一九九七年三月十日，當我們才踏進台南學甲的時候，就發現這裡的天空好像特別擁擠，任何一次不經意的抬頭，都會看到飛越而過的鴿子。

學甲人說他們這裡有三多：鴿子多，西瓜多，牛多。西瓜是這裡春天的主要作物。那天正好在田裡的阿修叔跟我們說，他們這裡的西瓜是台灣一等一的，問他為什麼？他說他們的西瓜皮薄、水多又甜。後來或許發現這樣的講法好像還不夠特別，所以他說這裡的西瓜是用冬瓜來配種的，所以除了皮薄水多、甜分高以外，又特別大顆，特別退火，當下就多了兩個優點。

西瓜多我們看到了，牛多是因為西瓜田需要耕種，收成的季節也需要搬運，這也了解。至於為什麼鴿子多？阿修叔一講起來，口水可就多了。當然事後我們才知道阿修叔是學甲鎮頂洲里出名的鴿子狂。

根據他的說法，學甲的頂洲和紅茄里，從幾代人之前開始，每到三、四月農閒的期間，兩個庄頭都會舉辦鴿笭大賽。簡單的說就是鴿子的負重比賽。兩個庄頭準備尺寸和重量不同的鴿笭，在一定的比賽時間內由兩個庄頭所飼養的鴿子負責揹回去，誰把鴿笭揹完，誰就贏。

郭順逢先生說：「我們一般看鴿子有幾種方法，鴿子的翅膀彈性要好，硬度要夠，才能承受風力。鴿子的眼睛與牠的系統性和血統最有關係。仔細看鴿子的眼睛，有紅白點、眼珠清澈的表示比較好，比較能時常回來，也比較能認路回家。眼睛紅點愈大點、眼珠清澈的表示牠的理解能力比較好……」

因為是有歷史、有傳統的比賽，輸人可以，輸了陣勢就不行，所以不管是頂洲里或是紅茄里，入得城來，幾乎是家家養鴿，戶戶鴿聲。去年比賽，頂洲里不幸飲恨，所以幾乎從落敗的第二天開始，頂洲人就臥薪嘗膽，慎選鴿種，精心飼養，加緊操練。而離比賽的日期愈近，人就愈來愈興奮，至於鴿子，則愈來愈累。

鴿笭的專家，非鹽水的阿彬莫屬。不過各位看官不要誤會，巨大的鴿笭是用來展示用的。阿彬說：「這麼大的傢伙，連鴨母都揹不動，叫鴿子揹，是想讓雷公打死，是不是？」鴿笭是用白樺木和梧桐木做的。因為這兩種木材的質地比較輕，特別堅固，不會爛、不會裂、不會漏風、也不會失重，做笭仔最好。

笭，分為虛笭和實笭二種。頂洲里跟紅茄里比賽的，圓形的叫做實笭。別的村莊使用的是長形的虛笭。不過別看這麼大一個，其實一個長一尺寬三寸的鴿笭，標準的重量是一兩。阿彬說著有幾分得意，因為這代表做笭的功夫。

準備今年參加鴿笭大賽的鴿子都必須先接受縫尾的儀式，不過請你放心，縫起來的只是鴿子尾部的毛，當然不會縫到牠的肉。

頂洲在臥薪嘗膽，去年得勝的紅茄里更希望能夠連莊，所以一樣得加緊操練鴿子。一大早，本里鴿笭大賽的會長郭順逢部長就載著代表紅茄里的子弟鴿到比賽的場地操練。在這個地區，養來參加鴿笭大賽的鴿子，跟一般的賽鴿不同。牠們比較大，適合負重和短程的飛行。但是不論如何，在這裡養鴿子，好比在養兒子。鴿子出生之後，要定時打預防針，要做蛔蟲防治。鴿子又特別容易感冒、患氣管炎，所以每天都要看牠吃了沒有？拉了沒有？如果一切順利，一年後剛好是最猛的時候。而在三月中旬這一天，學甲的天空，同時飛翔著敵我雙方最猛的選手。只是我們不知道，雙方的鴿子在空中相會的時候，會交換著冷眼，還是彼此投以同情的眼光。

在這個季節裡面，鴿子所背負的，除了鴿笭的重量之外，還包括了村莊的榮辱。也因為如此吧！兩個村莊幾乎無所不用其極的勞其筋骨，苦其心志之外，還不時增益其所不能。台灣人相信進補，於是鴿子也得進補一下，而且補的都是比人吃的還要好的珍貴藥材。當然，據說也有人餵日本進口不知名的藥丸。不過這藥丸本來是人吃的，起源是有一天一個村民生病了，朋友好意的從日本給他帶藥回來，他自己吃著，順手便給他的鴿子一顆，沒想到用法不當，那隻鴿子表現得卻特別神勇，於是一傳十，十傳百之下，如今不管頂洲里或是紅茄里，聽說很多鴿子都是吃日本進口的這種藥丸長大。

鴿子要吃補藥，不過再厲害也比不過阿修叔。因為人家說鹿茸最補，他乾脆自己養鹿，採鹿茸來餵鴿子。鴿子吃不完的，自己再嚐一點。這種氣概，你跟得上嗎？

養鴿千日，用在一朝。鴿筭大賽的初賽，終於在一九九七年四月十七日這一天開始了。紅茄里因為是勝家，所以得非常有風度的帶著自家的健鴿來到頂洲指定的地方。

鴿筭總數一百二十個，揹筭的鴿子如果在半路上沒有力氣停下來的叫「陣亡」，可以拿回來換鳥重揹，直至揹完為止。

由於八點四寸的鴿筭是輕量級的小case，所以鴿子飛得輕鬆愉快。有一些後備部隊，到了下午一點，當天比賽結束的時候，竟然還能無用武之地的空翅回家。統計今天的戰果，一百二十個全數揹完。不過中途陣亡的有七隻，會長不滿意，命令大家檢討得失，尋求改進之道，準備下一回合更沉重的比賽。沉重的是人們的得失，是鴿子的負擔。

一九九七年五月七日鴿筭大賽進入一個半月後的決賽部分。那時西瓜都已經成熟了。果然是碩大、皮薄、汁多、甜分夠。不過在瓜田裡卻找不到阿修叔的身影；後來我們才知道阿修叔西瓜配冬瓜，不小心配到小玉西瓜。由於小玉西瓜的播種期跟管理和大西瓜完全不同，所以弄巧成拙，阿修叔損失慘重。

頂洲鴿笭大賽的會長西瓜雖然收成不錯，但是生意不好，他說因為今年夏天到得太晚，吃西瓜的人不多。嘴裡念著說不好啦不好啦，今年做白工啦！但是九點半一到，他還是沒忘記去廣播，催紅茄里的人出動鴿子去比賽。

一個半月的比賽過去了，鴿笭的尺寸已經增加到九點八寸。紅茄里的選手也從一百七十幾隻陣亡到剩下的九十幾隻。而今天要揹的總數是一百個，所以某些鴿子甚至注定要飛兩趟才能完成任務。由於鴿笭愈來愈重，鴿子陣亡的可能性愈來愈高，所以當天場地四周擠滿了看熱鬧，還有想乘機撈錢的「剩閒」人士。

鴿笭比賽有一個規定是：只要鴿子陣亡，誰都有權去撿，撿到的話，可以把鴿子交給當天負責監督的村莊，而且可以領一百元現鈔。錢雖然不多，但樂趣無窮。於是當天的頂洲和紅茄里一帶，我們就不時看到眾人搶鳥的橄欖球比賽似的鏡頭，或者用竹竿半空撈鳥的絕技。地上放鳥，空中飛鳥，樹上抓鳥，完全是「全民鳥運動」。

快到比賽結束的時間了，在九點八寸的鴿笭的壓力下，陣亡的鴿子愈來愈多。紅茄里的阿明，眼見可能落敗，表情愈來愈激動，最後豁出去了，飛車趕回家抓鴿子，不但如此，一路上還大叫別人也跟著回去抓，那種神情，完全是戰場上奉命回去討救兵的壯士模樣。我們跟著他回到鴿舍抓鴿子，以為他會抓著鴿子就往會場跑，誰知道他抓了鴿子之後，還得幫牠縫鴿尾。原來這是一隻準備明年比賽才重用的壓箱寶，而現在為了村莊的面子，他拼了！我們跟他說：「阿明啊！這樣好嗎？」他有點激動的說：「沒關係啦！老婆死了，還顧得家裡的尿桶嗎？」

決賽的會場看似平靜，其實暗潮洶湧。頂洲的少壯派在那兒煽風點火，催紅茄里像阿明這類的少壯派拼到底。不過我們在一旁也聽到老輩的人在擔心說自己也剩下一百隻不到的鴿子，如果明天硬拼，勝算也不大，何況不要忘了明天鴿子要揹的尺寸是一尺。最後雖然主戰派的非常不爽，但握有決定權的雙方會長，還是決議留得青山在，不怕沒柴燒，下令封笭，一年一度的鴿笭大賽就此落幕。今年紅茄里留下十二個鴿笭，所以落敗，明年開賽的時候，紅茄里必須先揹著剩下的十二個。

戰爭結束，雙方換俘。比賽的規則之一是，鴿子如果飛過中線才陣亡的，鴿主可以要回去。如果還沒有飛到中線就陣亡者則淪為戰俘，對方可以公開拍賣。如果是你的愛將，歡迎比價贖回。拍賣市場，我們不時看到有些人故意哄抬，逼死對方的鴿主出高價；但因為是愛將，所以主人只好任人宰割，反正完全是一種賠了夫人又折兵的不爽，然而卻嘔在心裡口難開。贖回的愛將，順手一丟，讓牠平安回家，至於要不要教訓牠，回家再說吧！

比賽結束了，鴿子回巢休息、調養去了，吃牠們的鹿茸，還有保命回魂丹。至於主人呢？摘西瓜去了！而明天開始，輪到他們揹著西瓜，像鴿子揹著鴿笭一樣，四處叫賣去了！

高雄

* 無星飯店的大廚師
* 時光停止流動的港口
* 飽了別人、瘦了自己
* 角頭兄弟大車拚
* 我是神，我還未成年
* 拈花惹草招蜂引蝶
* 金花婆婆
* 新大港香腸攤

無星飯店的大廚師

廚師給我的感覺大概就是自己對父親的形象，永遠是大吼大叫，尤其是當「頭手」要準備出菜時的樣子，就像在演武俠片一樣。

記得小時候的故鄉，像是一個真正的生命共同體，大部分人的職業是礦工，收入差不多，每個人都一樣窮，也由於職業相同，危險性也相同。小時侯最怕聽到的就是礦坑出事那種「噹！噹噹！噹……」的聲音，心裡第一個反應就是希望不是我家。也許是生命關係緊密的相連，所以不管村莊裡的婚喪喜慶，都是全村一起幫忙。也因為大家都沒有錢請外地人幫忙，加上情感使然，所以村裡久而久之自然形成一種組合，一旦有事，自然工作就分配好了，比如：識字的人或會講話的人，就當司儀、力氣大的人就負責扛棺材……等，家父負責的則是「廚師」。鄰居小孩常羨慕我們，因為家裡有一個「業餘廚師」的父親，就可以吃菜頭又吃菜尾。菜尾是各種菜都集中在一起，味道實在可口，而且還常有中獎式的快樂，比如偶爾會吃到酒瓶蓋子、牙籤、香菸濾嘴……等之類。廚師給我的感覺大概就是自己對父親的形象，永遠是大吼大叫，尤其是當「頭手」要準備出菜時的樣子，就像在演武俠片一樣。

•高雄縣田寮鄉

「紅燒魚、五柳枝、燒肉、滷蛋、炒大麵」、「白斬雞、沙西米、紅蟳、米糕、燉魚翅」。小時候肚子餓時，我們常常這樣沒意義的唸，企圖用這樣的想像來填飽肚子，但通常是愈想愈餓。其實這些菜名並不一定每樣都了解，這些名詞其實都來自業餘廚師父親所寫的菜單上面看到的。父親做了那麼多年的業餘廚師，開菜單的時候，常常錯字連篇，但是這好像是台灣大廚的專利，反正，他們自己懂就好了。那天我們去拍廚師，第一眼看到鄭先生寫的菜單上把「豬腳大麵」的「麵」寫成「緬」的時候，我好像又看到了父親的菜單。

「總舖師」，南部叫「刀指」，又或許是「刀俎」二字吧！我們所採訪的「刀指」是鄭子健先生。他從小就和父親走江湖賣廚藝，現在聽說是南部七縣市的「總桌師」。他說，不要以為「刀指」一天到晚吃飽了沒事幹，其實是很辛苦的，有時候廟裡一大早要朝拜進香，他們負責早餐，就得半夜二、三點來準備。碰到好日子的時候，一天煮四餐是家常便飯，他調侃自己說「像7-11便利商店」。如果到小月，就是農曆五、六、七月的時候，一個月辦不到二、三桌，通常這些時候，他們就到處去看看、到處吃吃，順便研究別人做的菜，他們說這叫「在職進修」。

台灣人有一句俗話說：「土水師父怕抓漏、總舖師父怕做午餐。」他說，這也不一定對，怕做午餐，只要早一點出發就可以了，怕的是配菜，菜要好看，客人吃得痛快，主人有面子，自己又能多少賺一點，這個比較困難，他如此說著，我們看到他的臉上，露出得意，甚至有點驕傲的笑容，就像父親辦桌時，只要有人稱讚他的菜好，即便自己虧錢，好像也沒關係。

鄭先生說他辦過最大的場面是一百多桌。天天煮東西給別人吃，回家後呢？他說：「太太煮，因為男『煮』外，女『煮』內。」就像家母說的：「在家裡最好不要讓總鋪師進廚房，他總要把家裡的小廚房，當做辦桌現場，只炒一盤菜，一個廚房搞得亂七八糟，彷彿鐵蹄踏過，滿目瘡痍。」

二十幾年的廚師當下來，鄭先生覺得最大的改變是「菜愈做愈細、人情卻愈來愈薄」。他說早年辦桌的桌子、椅子、碗盤、筷子都是鄰居主動互相借用，宴席結束，各家取回各家的，從來也沒有弄錯過。現在都是用租的，這不打緊，喪事辦桌時，鄰居竟然還有人去警察局報案，說廚師們污染環境。

幾十年來南北奔波，婚喪喜慶全包了，鄭先生什麼人都見過，所以他除了會辦桌之外，還有一樣，就是學會各地腔調的本事，甚至連山東話都學得維妙維肖。不管如何，總鋪師好像都一樣，只負責煎炒煮炸，所有現場的情緒跟他們一點關係也沒有，以前我都是這樣覺得。不過有一次，爸爸的好朋友過世了，爸爸一樣去當業餘的義務廚師。拈香的時候，他把菜刀拎起來一丟，到靈前致意，我看到他紅著眼眶走回廚房繼續奮戰，只是吼得特別大聲，也炒得特別用力。

時光停止流動的港口

我阿公說：『上等人住在城市，下等人住在海邊。』所以我才想要浪子回頭，看哪一天能夠不用再討海，不用再住在這裡。」

紅毛港位於高雄港附近。它很「幸運」地保留了三十年來的生活環境，一切都沒改變。人們自嘲說：「我們何其有幸，活在古蹟與歷史之中。」

由於三十年前政府已經把這裡規畫成貨櫃碼頭，所以全區禁建，任何建築物都不可改變，因為政府可能隨時拆遷。可是三十年來，這個計畫由於經費龐大，到現在仍未進行，所以百姓一直住在不能更動的房子裡，不管家裡生了幾個小孩，娶了幾個媳婦，所有人都得「塞」在原本的屋子中。

紅毛港的街道也是三十年來都沒改變，非常狹窄，居民有幽默感的說：「鹿港有一條摸乳巷，我們每一條街都是摸乳巷。」

面積一百一十二公頃的紅毛港裡，百分之七十九是公有地。民國五十六年，由於高雄港的擴建計畫，政府對這裡發布了禁建的限令，到民國六十八年，紅毛港才正式被劃為高雄港的貨櫃集散地。由於三十年來的禁建，反倒使這裡保存了許多縣市正急於拯救的老街。自己職業的關係吧！一到這裡，就聯想到：「這裡可以來拍電影。」第一次覺得禁建對電影與電視界的貢獻。

由於房子無法增蓋，人口一直增加，在紅毛港有個笑話：「別人是三代同堂，這裡是三代同床。」一家七、八口人擠在十到十五坪矮舊磚房中的情形，到處可見。

一九九六年六月二十三日，我們到達紅毛港。清晨六點的紅毛港，就像台灣的其他漁港一樣，許多近海作業的漁船陸續返航；但也像其他漁港一樣，紅毛港已經很久沒有魚可捕了。因此漁民朋友「大頭仔」船上所載的是現撈的龍蝦。早先，紅毛港的漁民主要靠捕烏魚為主業，冬天辛苦的拚個兩、三個月，然後吃上一年。後來潮汐改變了，烏魚不再靠近紅毛港。大頭仔說，現在只能做一天、吃一天。目前大部分的漁民都和他一樣，靠抓龍蝦過日子。通常是清晨二、三點出海，把網固定在礁石邊，第二天去收舊網、放新網，就等龍蝦自投羅網。龍蝦抓來之後，賣給海產店，一隻龍蝦大約五、六兩，可賣二、三百元，不過海產店賣給客人是一斤一千五百元，至於其他雜魚雜蟹就當場在港口隨便賣賣，真是「俗擱大碗」，五十元就可買一堆。

大頭仔說，任何魚只要新鮮就好吃，不是吹牛，在這裡買魚如果還嫌不新鮮，那別的地方也買不到新鮮的了，除非是去當海龍王的女婿。大頭仔講話時，習慣性揮動他的手臂，我們看到上面隱約刺著「浪子回頭」四個字。對這四個字，他自嘲的解釋：「浪子是討海的意思。我阿公說：『上等人住在城市，下等人住在海邊。』所以我才想要浪子回頭，看哪一天能夠不用再討海，不用再住在這裡。」

台灣近海的人，似乎都習慣這麼抱怨自己的工作，不過紅毛港倒有另一種理由：由於它是高雄港的第二港口，南邊有一塊狹長的土地，寬不過四百公尺，長卻有三公里。就在這樣大型的畸零地上，北邊有大林儲煤廠，南邊是中油煉油廠，東邊是台電火力發電廠與中國造船廠，這個廠廠相連的結果，是漁港也是工業區。紅毛港的人，每個人的肺都是尼龍工廠。平常居民根本不敢把白衣服拿到外面曬，因為晚上收回來，全變成灰衣服或者黑白相間的花衣服。更妙的是，儲煤廠的大型輸送帶就略過紅毛港的頭頂上，不定期的還會灑下一些煤灰。大頭仔說這叫「煤雨」，可不是梅雨哦！

針對這個問題，紅毛港的居民認為最根本的解決方法就是遷村。把紅毛港也變成工業區，與周圍鄰居一起同流合污。遷村也許是一種解脫，但從另一個角度來看，會不會是一種記憶的剝離，一種失根的遺憾，或是原本里鄰之間情感的抹煞。

紅毛港的人，倒像安慰自己的說：「明年是我們遷村的最後期限了，所以我們和香港一樣，也有九七大限，不過比較起來，運氣好一點，我們再怎麼搬，也都還在台灣島上。」不過我擔心的是，他們會不會又搬到另一個被禁建或被污染的地方，然後，一住又是三十年？

飽了別人、瘦了自己

別人是賣田養兒子，她是賣房子養別人的兒子，難怪自己的兒子一直喊停。問題是阿婆還是怕有人會餓死，所以唸就讓別人去唸吧！

當我們第一眼看到阿婆的自助餐廳時，還以為自己找錯了地方呢！以為自己走入了一個工地的廚房，一個受雇的歐巴桑正準備免費的午餐，等待忙了一個早上的工人，讓他們填飽肚子。話說回來，這樣的印象跟事實其實相去不遠。經營這家沒有招牌的自助餐廳的阿婆——莊朱玉女女士，唯一經營哲學就是讓你吃到飽！

今年七十六歲的她，從早期的一碗飯、一道菜，幾毛錢吃到飽到現在，無論飯菜，一律一份五塊錢。再笨的人一看也知道是穩賠不賺。可是阿婆就這樣完全違背商業原則的經營了四十八年。半買半送，賣愈多，賠愈多，阿婆卻無怨無悔，唯一的理由是做工的人，其他地方吃不起，不吃又會餓死，就這麼簡單！

別人是賣田養兒子，她是賣房子養別人的兒子，難怪自己的兒子一直喊停。問題是阿婆還是怕有人會餓死，所以唸就讓別人去唸吧！還是自己煮自己的。到現在她仍然每天一早，就到這間根本不像店的店裡略做準備之後，推著車子去菜市場備辦菜色。買菜車是孫子用過、退休的嬰兒車；腳上穿的是家裡沒人穿，閒在那邊的粉紅色雨鞋。然後又開始另外的一天。

這是注定賠錢的生意。但是不要看阿婆對自己隨便、對食客大方，買菜則是精挑細選，斤斤計較，但是賣菜的小販都知道阿婆做的是賠本生意吧！因此在價錢跟斤兩上通常也是共襄盛舉，甚至有時候也讓阿婆賒賒欠欠。他們說：「和阿婆一起做功德啦！」賣菜的歐里桑還告訴我們說：「前一陣子阿婆因為左眼白內障開刀，休息了一陣子，最近才又開始賣！那陣子每到中午，就有一堆人在她的餐廳附近不死心的徘徊張望。」他說，阿婆沒賣，也沒聽說有人餓死，就是阿婆自己擔心。阿婆以前身體還好的時候，每天一大早，還會去附近的工廠打零工，賺錢貼補每一天的支出。但這些事阿婆倒沒有跟我們說，只是一邊忙著煎煮炒炸，一邊邀我們中午要留下來吃飯，她要請客，她說，人要吃飽才有力氣做事。

阿婆說：「我這輩子賺的都沒有了！七棟房子都賣完了……，人出世也就是要做事的，別人養我們，我們養別人……」「人家養我們，我們養人家」，知識一點的講法應該是「人人為我，我為人人」吧？但是大家都懂，問題是，誰做到了？誰像沒念什麼書的阿婆一樣，做的如此理所當然？

午飯時間到了，食客們該來的都來了。沒有招呼，沒有講價、問價及虛偽的客套。吃阿婆的飯已有十幾二十年了，阿婆都已經像自己的媽媽了，謝什麼？而且誰該謝誰，其實也搞不清楚！

白飯一大碗公五元，附贈免費的魚骨豆腐湯，想吃好一點嗎？加一道菜，不管葷素，一律五元。十元吃到飽，沒錢還可以賒，下午又有體力去討生活了。而且賒多了，阿婆也不會催帳，只怕人家沒飯吃會餓死的人，哪裡有記帳的概念。她說：「生意好的時候，一天大約有一百多個客人，桌椅不夠用，有的人只好蹲在路邊吃！真不好意思！」我們說：「生意愈好，妳不是賠的愈多？」「對啊！可是不賣我會不好意思，好像我們怕別人吃一樣！」反正是這樣的阿婆嘛！我們哪有辦法用社會標準的價值觀去和她討論生意？

客人吃飯既然像回家一樣，所以一切全自動，自己盛飯，自己舀湯，自己算錢，吃完之後，自己收拾碗筷，順便在水槽旁邊抹一把臉，然後走人。整個過程，有人甚至連半句話都沒說，真像個家。不過這一天，阿婆倒再三叮嚀每個食客，明天要早一點來吃，因為阿婆的孫女明天要訂婚，中午就要收攤回家，晚來的就吃不到了。阿婆的語氣，就像叮嚀老朋友，叮嚀自己的家人和孩子。

四十幾年來，阿婆瘦了自己，飽了一大堆人，問阿婆賺到什麼？她說：「賺個心安的！」這一天下來，反而覺得是自己賺的最多，至少賺到了「相信」兩個字。終於相信是有人這樣在對待別人的——一個遠在高雄鹽埕埔，沒有念過什麼書，也不太認識字的歐巴桑。

角頭兄弟大車拚

祂們把村裡的凶神惡煞一一網住，登上王船，隨著火光羽化，讓他們不再來，讓茄定從此家家安定。他們和我們都一起期待著。

儘管村裡節慶的氣氛已濃得化不開，但總是還有人利用漲潮的時刻架魚網，踩著微涼的海水撈捕魚苗。

頂茄定賜一福宮丙子科禳災祈安玉醮是七年來的頭一次，而且是七朝大醮，不過工作生活還是滿重要的。

祈福，為的就是要工作順利、生活環境好嘛！所以最近又正巧是養殖烏魚收穫的季節，剖下來的烏魚子不利用這樣的好風好日子曬乾，讓它漂漂亮亮賣個好價錢，想，王爺或媽祖也不會開心吧！

茄定，幾年來真是個多事之鄉。先是發現了污染的綠牡蠣，然後它又是台電興達發電廠煤灰的落塵範圍，更是當年燃燒廢五金之下戴奧辛毒素的污染區。這一切對居民來說，除了氣不過會集體抗議之外，往往他們只能訴諸信仰，建醮消災。

消災祈福，既然是眾人之事，於是頂茄定七個角頭，從四月王爺同意建醮之後，便幾乎全面動員了。「角頭」，在現在聽起來幾乎是黑道勢力的代名詞，其實，直到現在，它仍是茄定傳統的聚落名稱。比如說，姓吳的寄居地叫吳角，曾姓的就叫曾角，以此類推，那就有鄭角、陳角、四姓角、什姓角……等，行政區的名稱對他們來說只是戶口名簿和信封上的字眼。角頭的向心力固然強，但建醮王船卻更讓他們團結一致。

價值六、七百萬的王船前面，絡繹不絕的善男信女，根本分不清他們到底是來自哪一個角頭。他們的臉上彷彿只有一個表情告訴我們，他來自虔誠的那一個角頭。

繞境是王船出航前的一項大事。王爺聖駕除了繞行村落四周、驅魔消災、巡行賜福之外，也順便繞到鄰近的城鎮，讓大夥兒有福同享。八十二個陣頭大多是七個角頭的子弟兵。在學的請假、上班的休工，而且各現其才，目的是取悅神明，壯大聲勢。於是除了獅陣、龍陣、雜耍特技之外，連小學生的團體也上場了。而路邊各村各鎮的人，為了感謝王爺的蒞臨，紛紛擺出各種點心、飲料，內容從海鮮到罐頭食品，應有盡有，不但是免費供應，而且還搶著拜託人家吃。除了心意，更是面子。

飽餐之後，體力足了，眾人於是合扛起賜福宮的神轎，衝到海面，迎接在海上巡狩的王爺，然後恭敬的扛著祂們上岸休息。祂們把村裡的凶神惡煞一一網住，登上王船，隨著火光羽化，讓他們不再來，讓茄定從此家家安定。他們和我們都一起期待著。

這個晚上是王船在陸地，也是在人間的最後一夜。入夜之後，茄定的街道上處處都是高掛的燈篙，節慶的氣氛到達頂點。從每個燈篙上燈籠的數量，就可以知道每一家男人有多少。不過近幾年來，女權高漲，於是有的人連女兒的燈也掛了，甚至愛屋及烏，說不定連男朋友、女朋友或想代為祈福的親戚、朋友，也統統給掛上去了！

在整個建醮祭典中最忙碌的應該是主會吧！今年的主會楊進財先生才四十六歲，是歷屆主會中最年輕的一個。

第二天早上九點，王船起駕，千萬個信徒簇擁在它身邊，就像人造海浪，前拉後推，一路迤邐往海邊前進。而在海邊，信徒們則忙著把所有人奉獻的金紙、米袋堆在王船四周。清晨三點堆到現在，還是沒堆完，或許眼見時間來不及了，他們乾脆請來一部怪手幫忙。中午十二點，終於趕在王船揚帆之際讓一切就緒。王船於是即將出發。

午時過後，一聲炮響，三十六個水手合力將王船拉到潮水的近處。之後，主會用鋤頭象徵性的從船首的方向劃了一道水道，直通大海，這意味著王船燃燒之後，就將從這條水路出發，揚帆而去。

主會的重要性在此刻似乎終於發揮了。他站在船上發號司令，解答疑難之外，待會並要待在船上仔細的導引火勢，直到所有的人都受不了那樣的高溫之後，他才會故作鎮定的慢慢離開。

船上的三支桅桿上各擺了一個純金打造的鯉魚公，烈火燒掉了王船之後，唯一留下來的將是這三隻純金的鯉魚公。主桅的鯉魚公歸第一主會。辛苦了七、八個月之後，虔誠的捧著鯉魚公回家，他當然知道所得到的並不是財富，而是心理上覺得比別人略多的那種平安與福運吧！

午後，天慢慢暗了下來。海岸上沒有捕魚的人，他們都安心舒坦的回家去了！留下來的只是海灘上面的雜物和持續閃爍的火光。或許有人會問，數千萬，甚至上億的花費隨著一陣火光灰揚煙滅，茄定人得到什麼？如果我說，他們得到的是長長一段時間的信心，你會覺得太貴了一點嗎？

我是神，我還未成年

天亮了，家將紛紛起身著裝。原本看起來還迷迷糊糊的孩子，一下子就嚴肅起來了，因為他們知道今天自己是家將，就是王爺身邊的侍衛。

清晨三點，茄定寂靜的濱海公路旁，五靈宮的燈飾徹夜明亮。因為明天即將出巡的十家將就在這座行館裡開始準備。

十家將和我們慣聽的八家將並沒什麼不同，只是多了文判官和武判官兩將。不管十家將、八家將，在開臉繪面之前，這些即將上街除瘟的家將，其實都只是小孩。這麼早就起來，粉漆蓋不住倦容。

畫師每畫一個人，大概要三十分鐘。十家將一路畫下來，五、六個小時跑不掉，所以畫好的家將就就地補眠。雖然畫好的臉，要讓人家近看兇，遠看也兇，但睡著後的家將們卻看起來一點也不兇，像擺在一邊準備上台的布袋戲玩偶，讓人家覺得捨不得與憐惜。儘管粉漆畫在臉上乾了以後會癢，又不能抓，只能用香腳刺一刺解癢。這好像跟當兵時一樣，立正口令一下，泰山崩於前而面不改色的態度有點不同，畢竟現在扮的是神，是一種使命。工作人員說得好，當兵是認命，而此刻對他們來說是認真。

平安餅是家將身上必備的道具，是只去不回的道具。出巡的時候別在腰上，家裡如有小孩愛哭、不好養，都可以向家將要來給小孩吃，但家將是神，餅是賞賜，只能求，不能搶。

家將是神，所以每個神除了不同的表情之外，還要練就一種特別的身段與姿態。家將的師父陳欽明先生說：「只要一開臉，姿勢一擺，小孩就不是小孩了，是神！」兩年前曾經得過薪傳獎的他說：「五靈宮十家將是屬於台南天后宮的如意堂系統，家將的師父和繪面師應該是不會外傳的。但時代不同了，傳承滿重要的，規矩當然要稍微放寬，所以才會衍生出茄定五靈宮這個行館來。」

天亮了，家將紛紛起身著裝。原本看起來還迷迷糊糊的孩子，一下子就嚴肅起來了，因為他們知道今天自己是家將，就是王爺身邊的侍衛，就像包青天身旁的王朝、馬漢、張龍、趙虎一樣。而且王爺五福大帝專收人間的瘟疫瘴癘，所以家將便專司捕妖除毒，這可是很重要的任務。能被王爺選來扮家將，基本上就是一種榮耀吧！陳師父說，家將的人選除了注意身材、面貌和技藝之外，最重要的還是要看品性和童身。如果品性不佳或者破功的人，其他條件再好也不要。而且家將是排在後面的地位愈高。因此一旦當了家將，不但要潔身自愛，還要力爭上游。陳師父還說，家將平時的行為，不但村人在看，最重要的是王爺也在看。

吃完將爺飯，喝完了符水，參拜完畢，家將上街了！現在不僅是王爺、村人看，連自己也得盯著自己的一舉一動，因為此刻自己就是神，千萬不能忘記是神，所以就要莊重威武。

將爺們每個人隨身攜帶一把扇子、一支香腳，扇子用來遮臉，不可以讓人家全部看見，香腳則用來戳一戳臉上的癢。至於休息喝水，則由身邊的參將幫忙。累了，坐在參將腿上，渴了也要有參將代遞飲料。不過喝的時候倒沒有忘記用扇子遮一遮，畢竟神明喝現代飲料，好像不太對勁！

中午時刻，我們看到眾將圍成一團，掩袖吃飯，沉默而自制。飯後繼續上路，他們好像早就知道這幾年台灣什麼沒有，就是瘴癘瘟神特別多，大家要好好加油！

日落之後，一天的任務總算結束，送王爺就坐之後，眾家將才開始解甲卸妝。原本以為我們即將聽到憋了一天之後，眾神恢復小孩子身分之後那種鬆綁的自由，然而我們等到的還是沉默。我們在想，孩子們是累了呢？還是跟許多大人一樣，暫時還以為自己是神？

拈花惹草招蜂引蝶

我想起台北某個所謂現代化的蝴蝶館吧！在封閉的人造空間裡讓蝴蝶活著，只是為了讓人看，一切以人為主，結果成為蝴蝶的墳場。

一九九六年六月二十四日，盛夏。南台灣的美濃，就像他的名字，景物的自然色彩，極其濃烈，無論是天、綠樹或是各種各樣的花卉。花的色彩一旦濃烈，就容易招蜂引蝶。

這裡正是一個專門招蜂引蝶的地方。

美濃蝴蝶農場場主吳英明先生，今年七十二歲，原先他是在農林廳的蠶蜂改良場工作。二十多年前，他剛好在台灣的蝴蝶鎮——埔里，當他看到一卡車一卡車的蝴蝶標本被運走外銷的時候，他覺得蝴蝶王國的美譽，其實是用成千上萬隻蝴蝶的屍體所堆積起來的。他覺得這樣濫捕下去，台灣總有一天會看不見蝴蝶飛舞的景象。十幾年以後，當所有的人都忘記台灣曾是蝴蝶王國的時候，他默默的成立了「蝴蝶農場」，名稱比起王國是謙卑多了。王國的意義是殺戮；農場，則是創建生機。

吳英明先生退休之後，首先是在台北陽明山用他所熟悉的養蠶技術養殖蝴蝶，雖然成功的孵育不少品種，不過也許是氣候的關係吧！存活不易。後來，他發現美濃是最適合蝴蝶繁殖的地方，所以就全家搬過來了。吳先生開心的說：「別的不敢說，至少在這裡，一年三百六十五天，每天都可以看到二、三千隻不同品種的蝴蝶漫天飛舞。」由於蝴蝶挑食，每一種蝴蝶的幼蟲只吃一種草，為了配合牠們的需要，農場裡種了一百多種草以及各種會開花的蜜源植物。農場四處更挖了無數的水溝，以保持空氣中的濕度。為了讓蝴蝶在這樣條件良好的自然環境裡生長繁殖，在農場裡，吳先生一家人倒反而像成了客人，在自己的環境條件下，客隨主便。這讓我想起台北某個所謂現代化的蝴蝶館吧！在封閉的人造空間裡讓蝴蝶活著，只是為了讓人看，一切以人為主，結果成為蝴蝶的墳場。

吳先生說：「在自然的環境下，蝴蝶為了保護自己，會裝死，這樣可免除被天敵吃掉。」自然而美好的環境，是所有生物的生存根本，他說，人也一樣嘛！要小孩喜歡念書，就先得讓家裡成為一個適合讀書的地方，不然，再怎麼逼他也沒用。他舉了一個例子說：「蝴蝶媽媽要產卵的時候，通常會產在嫩葉的背面。下在葉子背面是為了避開敵人，而嫩葉，則是考慮到牠的小寶寶一旦孵化出來時，就有可口的食物可以吃了。」他這麼說著，彷彿覺得又碰上了另一個生活的哲學家。

記得工作人員看到一隻蝴蝶在蜘蛛網上掙扎，而想前去解救時，吳先生阻止地說：「在自然環境裡，這才是一種真正的平衡。」「自然環境」，這四個字我們都懂，但真正的意義我們又到底了解了多少？

黃裳鳳蝶，是吳先生最偏愛的一個品種。他還告訴我們一個小故事：「英國人在台灣第一次看到這種蝴蝶，以為是鳥，便開槍打牠，蝴蝶掉落到地上後，才知道是一隻蝴蝶。」當我們看到一隻毛毛蟲，大概無法想像長大後，牠會變成那麼自在而美麗的黃裳鳳蝶吧！有著這樣令人驚豔的變化，彷彿只因為牠在成長過程中，有著一次從頭到尾勇敢而沉默的大蛻變。

吳先生說，現在最大的希望，就是在美濃做蝴蝶復育工作後，能讓台灣恢復蝴蝶王國的美譽，能代表台灣的東西，以後在台灣做一個世界最大的蝴蝶園，三百六十五天，天天萬蝶飛舞，這應該是可以做到的！吳伯伯相信做得到。因為相信，所以他可以從北部搬到南部，在生活環境中易主為客。只是我們也不禁懷疑著，要有著這樣生動的場面，台灣的生活環境到底要經過一次怎麼樣的大蛻變？只是這樣的懷疑，一直不敢說出來。直到回程車上，大家才小聲的說，其實現在台灣每天都有萬蝶飛舞的場面，不信，晚上到各大城市的聲色場所去看看，而且，品種還滿多的。

金花婆婆

車走的時候，是忙著打招呼，車停忙著聊天。到了碼頭邊，見面的都是三、四十年的老夥伴，那更是掏心掏肺，傾盆而出。

一九九七年三月二十七日早上八點半，我們在旗津等金花阿嬤隆重出場。金花阿嬤今年七十四歲，是全台灣碩果僅存的二十一部人力計程車司機之一。阿嬤來了，在鏡頭前面，她有點害羞。

現在你應該知道人力計程車是什麼了吧！早年三輪車到處都是，而現在全省大概只剩下旗津的二十一輛，而且都附加「觀光」兩個字。七十四歲的阿嬤還踩三輪車，心裡才覺得不忍，沒想到她卻告訴我們說「真是福氣才能踩到三輪車」，因為當年高雄市政府只准旗津保留二十一輛三輪車，所以大家只好用抽籤的方式抽牌照，結果金花阿嬤剛好抽到最後一號——二十一號。她說：「你說，我是不是很有福氣！」

阿嬤一輩子勞碌命，年輕時先生做苦力，阿嬤替人家洗衣服。六個孩子一出生，入不敷出，於是開始踩三輪車，那時候是一九五八年，到現在前後差不多要四十年了。四十年來，旗津的石頭路被她踩成柏油路，四米寬被她踩成十二米。二十年前，丈夫過世了，那時候六個小孩，一個結婚，一個才剛出嫁，而最小的念國一。如今六個小孩都成家立業了。而她還踩出一棟自己的透天厝，租給人家，當機車出租店。是可以休息了吧！阿嬤說：「不會啦！勞碌命！人老了，運動兼賺錢，順便可以玩！」是老了，所以阿嬤以前是在碼頭打卡上班，現在則改在菜市場打卡。差別在哪裡？阿嬤說從菜市場上車，都是下坡，比較輕鬆。如果從碼頭繞旗津一圈，一百塊錢是比較多，但都是在爬坡，老了啦！阿嬤說，不跟它拚了。

人老，車子也老了，阿嬤的三輪車是民國四十七年做的，鐵架、座墊都換過了，飛輪更是不知道換過多少個，至於其他零件，篷座幾乎都沒人做，也買不到了。金花阿嬤的本名叫蘇趕，可是知道的人不多。金花是阿嬤自己取的名字。她說金光閃閃又好記，果然現在連三輪車的同伴，也只知道她叫金花。

早上十一點，阿嬤已經踩了五趟。一路上我們跟著她，發現沿路她嘴巴沒停過。車走的時候，是忙著打招呼，車停忙著聊天。到了碼頭邊，見面的都是三、四十年的老夥伴，那更是掏心掏肺，傾盆而出。

中午十二點，阿嬤休息兼打尖。住了五十年的旗津，阿嬤沒有什麼不熟的。連肉羹攤剛出生三個月名叫「性格」的小狗，跟她也好像老朋友。或許整個旗津裡面，都有阿嬤流過汗的味道吧！我想！

阿嬤在旗津真是無人不知，連旗津的第二代她都認識。和大家聊天雖然愉快，但賺錢還是重要的。客人叫車，阿嬤就繼續健身兼賺錢去了。我們忘了這是阿嬤今天的第幾趟了。至於這是阿嬤這輩子的第幾趟，我想不僅阿嬤不記得，恐怕連上帝也不記得了吧！

新大港香腸攤

男人不能出來做，他們老是做白工，因為男人看店，別人比較會揩油。女人看店就比較沒人敢了！

一九九七年四月十五日，我們終於在高雄三民區找到了「新大港」。新大港其實不是港，它只是一個香腸攤的名字。香腸攤為什麼叫新大港呢？我們問不出個所以然來，不過，我想應該是大船入港的簡稱吧！因為根據業者的說法，新大港的香腸攤是台灣當時日銷量最大的香腸攤。

老闆娘黃杏阿姨說：「我在這裡賣了差不多十多年，生意才比較好。剛開始是我先生的一輛腳踏車、一個爐，腳踏車上吊十多斤香腸！賣到現在愈來愈有生意。現在換了一個白鐵攤位，光做這個攤位就花了三十多萬呢！……真是不簡單呢！……」不過日銷量到底多少？阿杏姨打死不說，只說創業維艱的過程。但根據她不經意的保守透露以及附近攤販誇張的描述，加起來除以二，我們所得到的比較合理的數字是：每天平均賣掉兩百斤的豬腿肉，也就是三、四條豬，也就是大約一千六百到一千八百條香腸。一條香腸目前售價是十五元，所以營業額是多少？請各位看官自己算算。但這並不包括糯米腸的收入，不過當然這都是在口蹄疫發生之前的數字。

新大港香腸攤建攤至今四十二年。問阿杏姨怎麼記得這麼清楚？她說那一年她剛生大兒子，所以大兒子今年幾歲，新大港就有幾歲。而在這之前，阿杏姨賣的是水果。結婚之後，先生覺得男人賣水果實在是不夠體面，賣香腸比較有男性的氣魄，於是新大港就跟大兒子一起誕生了。

新大港香腸的配方，最早是一位賣草蓆的人告訴他們的，然後夫妻倆一路賣，一路試吃，一路改造，才有今天這種獨特的口味。不過配方的細節，阿杏姨說：「跟你講，那我們就不用賺了！」

新大港獨特的其實不是配方，而是經營模式。他們採用的是女主外，男主內的經營方式。每天早上五點開始，阿杏姨的先生跟他的小兒子，就負責絞肉、拌料、灌腸、晾乾。下午三點，阿杏姨和僱來的幾個女工，才一起推車出去營業。或許是這種原因吧！我們發現新大港的男人們都比較沉默。不問，他不答，即便是開了口問，回答的聲音也小。比如我們問他的小兒子說：「你們都在哪裡晾香腸？」「公園外。」「最多的時候要晾多少？」「繞公園一圈。」「會不會有人偷？」「會。」「偷多少？」「很難算。」反正不管你問什麼，怎麼問，他的答覆永遠不會超過五個字。

阿杏姨說：「男人不能出來做，他們老是做白工，因為男人看店，別人比較會揩油。女人看店就比較沒人敢了！」聽阿杏姨聊天是一種享受，好像是上了一堂理論與實務交替運作四十二年的經營學，而且完全是台灣自己的經營理念。阿杏姨沒有名片，但她絕對比許多董事長、總經理夠格談這些。不信的話，請想想新大港香腸攤的歷史及它的營業額。所以工作人員暗地都說她是台灣香腸業界的經營之神。或許是經營之神在此營業，所以客人一到此地，聞香下車下馬，都是屁股拍拍，地上一坐，而且吃的都一樣，想要特別一點的也沒有，就此一味，而且大小相同，這叫做真平等。

四十二年來新大港香腸不但吸引了成千上萬的食客，甚至也變成一種鄉愁。而這種香腸配黃瓜，或者糯米腸包香腸的獨特吃法，甚至有傳言說，還有附近的商人打包賣到各地。最厲害的是這個香腸攤甚至帶動了附近商家的買氣。有人吃香腸順便買飲料解渴，也有人吃麵配香腸，所以口蹄疫的事件一發生，新大港左右的商家竟然也都受到了影響。

講到口蹄疫，阿杏姨激動地對我們談口蹄疫的種種新聞報導，或許誤會了我們入神的表情，她連忙低聲說：「不好意思，我說得太兇了！」我們很想告訴她，不會啦！我們有時候也想兇一下，只是常常沒有那個膽，而且理不直，氣不壯，請阿姨原諒，因為在台灣大多數的讀書人都是這個樣子的！

屏東

❋活在田野裡的急智歌后
❋後方最前線

活在田野裡的急智歌后

一個固定的曲調，生活上的喜怒哀樂隨時都可以盡情傾吐。所謂的急智歌王、歌后，在車城、恆春百年來滿街都是。

中秋節過後第三天，我們路過屏東車城。那天晚上車城飄著細雨，在那全省最大的土地廟前，一年一度的中秋節歌謠大賽照常舉行。參賽者是來自南北的男女老幼，所以唱的歌也是橫跨古今中外，甚至包括麥可傑克森的模仿秀。然而在車城或恆春，百年來真正的流行歌應該是傳統的民謠吧！

一個固定的曲調，生活上的喜怒哀樂隨時都可以盡情傾吐。所謂的急智歌王、歌后，在車城、恆春百年來滿街都是。而在這樣的歌謠比賽中，當然也少不了這個項目。「思想起」的曲調才在細細的雨絲中揚起時，我忽然想起恆春那愛唱歌的阿婆。

第二天到恆春才知道，原來阿婆（尤朱蝦仔女士）去年得了冠軍，從此就失去比賽資格了，只能像往常一樣，天天唱給自己聽，唱給孫子聽。

孫子是阿婆的希望。兒子、媳婦過世的時候，孫女五歲，孫子才三歲，是阿婆將他們養大的。阿婆的孫女說：「父母親過世的時候，只記得那幾天家裡人很多，很熱鬧！」除此之外，還記得阿媽曾經教過他們唱過一首歌，曲子是日本調，歌詞卻是阿婆自己編的，是姊弟相互安慰、懷念早逝的爸媽。管它是日本歌，歌詞說的是自己的事，就是自己的歌。唱歌能自己解憂，孫子們就能得到安慰，也就夠了！

孫女現在高二了，下課後在恆春的快速沖印店打工。去年阿媽得冠軍的時候，她幫阿媽照了相，還放大，阿媽非常珍惜，包了好幾層的報紙，收了起來。畢竟是終於長大的孫女那麼教人憐惜之心。孫女說：「從小就跟阿媽下田，她會一直唱、一直唱。當阿媽和一群人一起練唱時，我會幫她記歌詞，回來她練習時，再幫她提詞。」

孫子們長大了，家事有人代勞了。這幾年阿媽或許閒暇多了吧！便開始學月琴。教她的是隔壁的鄰居。孫女說阿媽可以從吃飽晚飯後，就認真一直練習到她打工回來！

去年阿婆曾幫我忙，在電影中演她自己，也替電影唱了幾段歌，後來被剪掉了。她知道，因為孫女帶她到高雄看了電影。阿婆沒有生氣，反而說要替我另外唱幾段在電視裡可以用。想告訴阿婆的是：「阿婆！您唱完了嗎？如果還沒有，沒關係！慢慢來！下次到恆春時，再唱給我聽，這回讓我替您把歌詞寫下來！」

抗辯。

活人可以搬家可以躲，過世的人以及愛鄉愛土的土地公卻只能默默的成為標靶，無力

後方最前線

早上八點，南台灣的屏東意外的飄起細雨，屏鵝公路上幾個罕見的警告牌（嚴禁軍車坦克進入）讓我們好奇的停下車。在這樣的警告牌下，我們依然看到不時路過的軍車，依稀之間，似乎也感受到豎立這個牌子的人們那種無力跟無奈。

「保力」就在墾丁國家公園大門口的一個小村子。殘留的一些老式建築，讓人想起有著類似景觀的金門。從某個角度看，也的確像，因為就在這個村子的背後，是國防部的保力及虎頭山靶場。這個靶場與其他靶場不同的是，除了輕兵器之外，它也是軍艦砲、陸軍迫擊砲、大砲、戰車砲以及空軍飛機炸射靶場。看似安詳的村子，卻不時有砲彈從頭頂飛掠而過。難怪工作人員為它取了一個外號叫「後方的最前線」。

保力村的第八鄰位在靶場的另一端，村民唯一的出路正好橫貫整個靶場，因此，軍人一旦演習，不管上課、看病，全部被封鎖管制。解嚴前他們根本不敢出聲，解嚴後抗議不斷。村民說，

在前一天的村民大會上，他們依然怨聲四起。村民潘先生說：「我們這邊如果要這樣搞下去，這裡就會像金門一樣，比金門更前線。曾經有一個婦女擋著路問阿兵哥說：『你們在打什麼砲，你知道嗎？』阿兵哥搖頭，這個婦女光聽聲音就知道打什麼砲……。」

就在我們訪問鄰長的時候，駐軍剛好來查問我們到底拍了些什麼東西，於是這位不請自來的副營長就成為鄰長抱怨的對象。

俗話說：「鐵打的營盤，流水的兵。」軍人來來去去，村民的說法是，軍人打完砲就走人，而保力村卻是鐵打的村子，走不掉。十幾二十年來，彷彿成了金門的姊妹市。蒐集砲彈成了某些村民的嗜好，不同的是金門的砲彈來自敵軍，而保力的砲彈卻來自友軍。其實不僅村民擔心受怕，就在靶場旁墳墓裡的列祖列宗，更是膽顫心驚、無力又無奈吧！因為活人可以搬家可以躲，過世的人以及愛鄉愛土的土地公卻只能默默的成為標靶，無力抗辯。

六年前保力全村大小曾經發動了一次抗議，終於阻止了爾後的艦砲射擊，不過其他的大砲、小砲仍照打不誤。彈道下長大的小朋友似乎並不恐懼，甚至只覺得好玩。小朋友說：「為了玩，什麼都不怕，如果砲彈爆炸，大不了死掉而已……」小朋友帶我們去看學校大樹下吊著撿來的砲彈外殼所做的鐘。砲擊最厲害的時候可以放假、彈頭做的鐘停電時可以用、曾經中彈的焚化爐如今已經修復……這些對小朋友來說，都只是成長的記憶，可是對某些大人來說，即便最近砲擊的次數少了，然而威脅還在。

面對凹凸凌亂的地面，村民賴茂德先生說：「這樣的靶場設在這裡，整片土地都被破壞了，樹木也砍掉了。可能現在的兵訓練比較差，技術不夠好，所以要砍出很大的空地，結果變成土壤流失。」

靶場附近處處可以看到累累的砲痕，也可以隨時撿到砲彈銳利的碎片。村民抱怨說：「自己的砲打不夠，還叫一些外國人來幫忙打。」他們講的大概是星光部隊吧！村民還說：「路上有時候被他們攔下來，連話都講不通！」不過要是不打砲，其實軍人還滿受歡迎的，畢竟對海邊的小村子來說，數量龐大的軍人真是不請自來的好客人。許多跟軍人有關的行業應運而生。在演習場附近賣飲料小吃的小蜜蜂，甚至都知道軍方各種演習行動的時間和細節，他們說，要知道才能找到人啊！

「保家衛國」和「安居樂業」應是相輔相成的。當砲彈在頭頂上亂飛的保力村民無力抗辯時，他們要求的不過是一個「安全的碉堡」。在保力村中，這兩項卻是某種奇怪的衝突，這是需要溝通和協調的。村民們努力了十幾年，軍人來來去去，今天和你談了，明天就又走了，換了另一批人，所有的民怨皆因此而起。或許我們只能期待保家衛國與安居樂業能在這村子裡，得到想像的結果。

澎湖

* 被遺忘的國土
* 保生大帝的子孫
* 望安鄉東吉人回鄉

被遺忘的國土

或許島上人少，彼此都沒有祕密，而生活背景也都一樣，講別人的故事似乎講的也是自己的一生。

東北季風開始肆虐的季節裡，選擇到澎湖的西嶼坪。而預定的行程只有兩天，這樣的安排，想來不得不承認自己的愚昧，承認自己對自己所居住土地的不了解。

十月二十一日到達馬公港當天，海上風浪八級，交通船暫時停開，直到下午風浪稍平，交通船勉強開航在海面上晃盪了四十分鐘才到望安，當天只好在望安打尖，第一天就這麼過去了。第二天託老天之福，離望安五十分鐘船程的西嶼坪終於去得了了。隨行的村幹事李世賢先生說，我們仍得祈禱回程的天氣，因為萬一東北季風一來，大夥就可能得留在西嶼坪待上十天半個月的。

村幹事對西嶼坪上的每個人如數家珍，但這也不是很難的事，全島就十個居民。那天村長生病，住到馬公去，太太隨行照顧，所以當天全島只剩八個人，平均年齡六十五歲。八個人當中並不包括派出所的主管。

看到島上只剩半面而依舊飄揚的國旗，以及預防因為柴油運補不及島上無法發電而備用的超大型廟宇用蠟燭，也許你就能了解，為什麼主管一直強調說他不是來這裡服務，而是來修行的。

望安西嶼坪所在的位置是黑潮流經的地方，原本漁產豐富，而且靠岸休息的漁船很多，但近年來由於外來漁船的濫捕，甚至炸魚、毒魚，居民說，連近海要看到一條魚都很難。那人靠什麼過日子呢？他們說「靠命」！

島上的「天下第一家」總共四口人，是當天全島人口的一半。但四口人中最年輕的第三代，卻是腦性麻痺的患者。但說來幸運，他有父母及爺爺近乎二十四小時的照顧，不過這樣的幸運說來也無奈，因為島就這麼小，雖然父母是全島唯一還能出海捕魚以及種點蔬菜的人，但走再遠也還是在這小島上。

除了靠「命」生活，後來我們才知道全島居民多多少少都依賴政府各種不同的救助金過日子。這一家因為貧困以及一個長期臥病的小孩，而阿婆蔡池柄女士除了年老之外，也因為行動不便，而領殘障補助。當我們拜訪蔡女士時，她熱情的要我們吃番薯稀飯和魚，我們客氣的婉謝。也因為聽我們說吃過飯了，阿婆有點失望，可是還是不死心的生了火，煎了一個蛋要我們吃，說是土雞生的蛋，很營養。但雞蛋有點壞了，我們不敢說，心想那一定是阿婆珍藏了好幾天捨不得吃的東西。鄰居說阿婆的命很硬，這輩子總共嫁了九個老公，目前有三個女兒、一個兒子。阿婆唯一的兒子現在在坐牢。鄰居替她抱不平的說，政府的補助金都直接寄到郵局的戶頭，但這裡沒有郵局，住馬公的女兒把錢全領了，卻不太來看阿婆。

或許島上人少，彼此都沒有祕密，而生活背景也都一樣，講別人的故事似乎講的也是自己的一生。

島上十室九空，只有門口掛著魚乾的房子，才表示有人居住。喝的水是深井抽取的地下水；燃料，因瓦斯太重，運送不便，所以家家戶戶到現在用的還是撿來的乾柴乾草。電是島上的發電廠用柴油發電機供應的。發電廠管理員這個職位也是全村唯一的工作機會。因為手部殘障、同樣領殘障補助金的呂鐵碌先生，本來是發電廠的管理員，但因為高植澎縣長下台換人，他也莫名其妙的被內閣改組下台。現在他在養雞，養的是半土半養的仿仔雞。他說自己的名字不好，命硬的跟鐵一樣，而且一輩子都得忙忙碌碌。聽他這麼一說，原本都講到嘴邊的話，像「不錯啊！十個人住一個島吔！」「空氣很好啊！」「生活沒有壓力啊！健康長壽！」這一類的話，連忙吞了回去，好像一講，就暴露了自己城市的小布爾喬亞的無知心態吧！

全島兩具公共電話中的一部，就放在呂先生屋外避風的圍牆下，不過目前是故障的。什麼時候能修好？不知道！要是天氣不好，即便想修，人也來不了。呂鐵碌最後說：「在這樣一個海外孤島活著，命不硬一點，凡事如不靠自己的一雙手，天天忙個不停又能怎樣？」

回程，東北季風增強了，惡名昭彰的黑水溝波濤再起。來的時候擔心自己留在這個島上十天半個月回不去，現在這樣的惡夢好像解脫了。但想一想，還有人在島上呢，而且是一輩子都活在那裡！

保生大帝的子孫

保生大帝在這裡除了是居民崇拜的對象之外，祂還身兼公有財產管理的重責大任。因為在雞母塢有一處石滬，它的所有權人就是保生大帝。

沒有天然屏障的澎湖，冬天似乎來的特別早。馬公附近的雞母塢已經是飛沙走石、草木枯黃的冬天景象了。要不是社區標幟上有這麼一隻母雞為記，我們還差點以為走錯地方，因為雞母塢已經被「文化」成另外一個名字叫「五德社區」了。「五德社區」是官方說法，居民照樣叫自己的村子為雞母塢。

有漁村就有廟，不過在雞母塢卻不是我們慣見的媽祖廟，而是供奉保生大帝的廟。保生大帝在這裡除了是居民崇拜的對象之外，祂還身兼公有財產管理的重責大任。因為在雞母塢有一處石滬，它的所有權人就是保生大帝。

石滬是幾百年前先民所構建的。他們在海埔地用石頭堆成口袋型的矮牆，外窄內寬。漲潮時，魚蝦隨著潮汐湧入；退潮，魚蝦就留在口袋內。簡單的說，就是人造的潟湖吧！既然石滬是先民集體所建，漁獲便歸全民所有，為了避免紛爭，保生大帝只好扮演仲裁者的角色。透過祂的威名，建立了眾人都甘心服從的分配制度。村民按日輪流撈捕魚獲。習慣成自然之後，至今無人敢踰矩。

不過魚獲真的是愈來愈少了！我們在石滬跟了他們老半天，只看到今天輪班的人，零零星星「鈎」起了幾條「臭肚」和其他雜魚，根本是吃都不夠了，哪還有得曬乾！但丁香魚倒網了不少。問他們說是自己吃？還是拿去賣？答案都是也都不是。他們說是要曬乾之後，寄給在台灣城市中謀生的孩子們吃的！

雞母塢全村泰半姓歐，可是卻有一座歐陽宗祠，而且都是姓歐的人蓋的。心裡才納悶，一個阿公卻主動過來打招呼，在他得意的導遊之下，我們意外的看到雞母塢的私人小型農場試驗所。

澎湖風大，泥土的鹽分高且貧瘠，能種的東西並不多。阿公偏不信邪，他什麼東西都拿來在自己的前庭後院試種。各種蔬菜水果，甚至椰子、檳榔、甘蔗，他都實驗式的多少種它一些。奇怪的是，每一種都被阿公種得人模人樣。阿公得意的報出他的大名：「歐陽願。」心想那些歐陽宗祠大概是他家族的宗祠吧！後來才知道，雞母塢在日據時代之前大半姓歐陽。日本人來了之後，規定只有日本人才能複姓，於是全村只好在強制的命令下去掉一個「陽」字，改姓歐。直到光復三十幾年後的民國七十一年，內政部才同意村民可以登記恢復原姓。阿公說他是第一個、也是唯一一個去改的。其他人不改的理由是太麻煩了。因為一改，所有過去文件，如畢業證書、考試及格證書、證照……，任何資料都得重新更改。想到官方那樣的手續，大夥只好跟祖先道歉，反正心裡明白自己姓的是歐陽就好了，不然哪有可能一堆姓歐的人去蓋一棟歐陽的宗祠？

一如台灣本島的一些偏遠村鎮。雞母塢全村非老即小。黃昏一到，只見阿公、阿嬤帶著下課的孫子孫女慢慢走回去。孫子們都變成阿公、阿嬤的孩子。問村民為什麼這地方叫雞母塢？他們或許幽默，或許自我解嘲的說：「村子到處都是阿嬤帶著孫子到處走，那不就像母雞帶小雞？」不管他們怎麼說，雞母塢起碼找到一個命名的理由了；那「五德」呢？誰知道！

望安鄉東吉人回鄉

這群人可不是移民或者偷渡的人，他們是要回家普渡，要替一直護衛他們在台灣平安發展的王爺慶生。他們的家，在安平港三十二海浬外的澎湖望安鄉東吉嶼。

一九九七年中元節的前五天，台南的安平漁港忽然瀰漫著一種奇怪的氣氛。漁船上下的不是漁獲、漁具，而是各種生鮮食品，辦桌的材料，甚至還出現樂隊使用的鼓。不僅如此，連鍋子、宰好的豬都抬上來了，而上下的人似乎都特別興奮，我們彷彿連他們心跳的聲音都清晰的聽見。

東吉聯誼會會長陳清對先生說：「……因為我們上一代都是捕魚的，我們那邊的王爺很靈，大家賺得到錢，王爺很保佑我們的上一代，像高雄一些遠洋漁船，船長都是我們東吉人，……因為神明很保佑，保佑我們大家的子弟很有本事，大家都搬到台灣來住，就把王爺給忘了……。」

所以，這群人可不是移民或者偷渡的人，他們是要回家普渡，要替一直護衛他們在台灣平安發展的王爺慶生。他們的家，在安平港三十二海浬外的澎湖望安鄉東吉嶼。

丁丑年農曆七月十一日清晨，晴空萬里。外海雖然還稱不上波平如鏡，但對血液裡仍留著海水成分的東吉子民來說，這簡直是王爺保佑的絕佳好天氣。

一大早，來自嘉南，甚至高雄各地的同鄉，便陸續抵達，扶老攜幼，三代同船。這會兒上船的除了人之外，還包括各式打掃用具、寢具、釣具、泳具、露營用具以及送給仍住在海島上面的親人們的禮物。人還沒有到家，港口倒先成了敘舊的地方。畢竟有的是一年未見，有的甚至是好幾年沒見。船，還沒出海，東吉嶼昔日的情境，早已濃的化不開。或許是自己的故鄉早已成為廢墟，因此對這一大群多數至少離家十幾年以上的人，竟然還有故鄉可以回，島上還有十二個親朋尊長可以找，還有自己敬重的神明可以依賴，除了羨慕，更多的是感動。

東吉人回鄉普渡為王爺慶生的活動，今年已經是第七年了。令人感動的是人數有增無減，從一九九一年的四、五十人到今年六百三十二人，返鄉漁船從六艘增加到今年九艘還不夠，還得額外加上六艘機動竹筏。難怪，光上船名冊，就抄得兩位大哥手差點脫臼，說：出了校門到現在還不曾寫過這麼多字。

今年人數暴增，其實是有原因的。照東吉聯誼會長陳清對的說法是，這要感謝台電，因為去年十月，台電把東吉嶼列為儲存核廢料預定地見報之後，全國東吉人當下南北大串連，成立反核自救會，組成船隊，返鄉抗爭。反核成功之後，大家覺得「自救」兩個字好像太政治了，於是改名為「東吉聯誼會」。這聯誼會在實際上也成了全台灣唯一不在故鄉的村民大會。不過為了表示與故鄉共存亡，目前把戶籍遷回東吉的，已增加到三百零七人，總共一百九十七戶人家。這完全是海上子民的血性作風。

而這一趟返鄉之行，對在東吉度過大半輩子的人，回鄉尋找的除了信仰、友情之外，更是生活的記憶。對年輕一輩來說，至少能重溫青春的年華，或者藍天大海的自在。至於生於台灣，長於台灣的最小一代，那就把它當成暑假的一次海外旅行吧！能回家，真好！

上午八點半，所有船隻集合完畢。或許去年返鄉自救的時候是冬天，十級強風之下，許多人，特別是沒有經過風浪的下一代，幾乎連膽汁都吐出來了。為了預防，但也怕老一輩的嘲弄，許多人在上船之前，只好躲在一邊偷吃暈船藥。

六百三十二人要回到一個只剩十二個人的小島，所需要準備的食衣住行以及娛樂等後勤補給品當然嚇人。聯誼會長說，要不是故意把返鄉日訂在禮拜三、四、五三天，人數一定會更恐怖。而這一切費用是由王爺的官邸啟明宮負擔的。不過為了特別跟王爺致謝，除了供品之外，他們還特別帶了一團康樂隊回去熱鬧。康樂隊的名字還特別選過，叫「好好好綜藝團」。他說：好好好有兩個意思，一個是希望故鄉能夠愈來愈好；二是，套個棒球有關的術語，好好好連三好，表示把核廢料三振出局。不過經工作人員在一旁細心的觀察，發現額外的意思是綜藝團有三個年輕、美麗的女子。

十點，警察一一點名，居民一一上船。點名的聲音襯著海潮聲，乍聽之下，好像王爺召喚，說：我認得你們啊！你們可都回來了！

四個小時的海行航程，或許是返鄉心切，也或許是暈船藥有效，我們看不到暈船的人，倒是我們的工作人員倒成一片。後來有人說：到了！遠遠的看見東吉嶼了，奇怪的是，我們沒有聽見任何雀躍歡呼的聲音，反而是一片沉寂，一片安靜，這或許就是所謂的「近鄉情怯」吧！

浪子返鄉，總該有人放個鞭炮，表示歡迎。但島上只有十二人，於是先到的船，就在岸上放一放，歡迎後到的人。先到後到，反正都一樣是離鄉多年的遊子。

故鄉終於到了！託天之福，幾年不見，它並沒有多少改變。人們下船了，食衣住行育樂的東西也下船了！下船之後，最重要的事便是全員列隊，在同樣是東吉人的乩童帶領下，赴啟明宮叩見王爺。叩見王爺，除了請安，更重要的是謝罪，說：這麼一年來，甚至多年來也都沒有回來上過香……。上過香，這一回可真的回家了！眾人扛著行李回到各種不同的家。

家，對東吉人來說有很多種。第一種是自己的家還在，只是多年沒住人，回家第一件事情就是費一番工夫清理、打掃。第二種是回家探親的人，房間，親人早已灑掃備妥，行李一放，家就在身邊了。第三種的家是本來的家已經倒了、毀了、不見了，不過這些人都會從台灣帶回自己的家，一間才七百九十九塊。這麼便宜的「家」，其實就是一個可以隨搭隨拆的帳篷。這樣的家，有一個最大的好處是可以好好挑一個好景觀，通常他們挑的都是可以開門見海的大廣場。第四種是家不見了，可是也沒有從台灣帶家回來的人，唯一的方法就是借住島上公務單位的房舍，像燈塔、氣象站、衛生所、港警所……。你或許從來沒想過警民真可以一家成這種樣子，警察在屋子的一角辦住民登記，而小孩子們就在一旁，公然聚賭，不！我是說他們公然打起撲克牌來。

六百多個人回來，最忙的就是警察。港警所有六個警察，五個專門管漁船，只有一個平常管十二個居民的雜事，而七月前，新遷入的這一百九十七戶人家，可得利用這三天一口氣辦完戶口查察。

有人說：人老了，房子老了。但才說完，卻馬上就動手收拾起來，似乎想把老的房子一下子恢復到以前的樣子，而才一轉眼，整個東吉竟然像電影場景的急速轉換，人們安適而優閒的休息著，好像從來未曾離開過一樣。

三天假期之內，最忙的除了警察之外，非島上被稱為「東吉大飯店」的董事長劉美富莫屬。她說要在孤島上開飯店很簡單，只要準備泡麵、熱水，還有罐裝的冷飲就可以了。平常嚴肅的劉董，這幾天可笑得合不攏嘴，因為這三天的營業額比三年的總合還要多。

由於島上的大型交通工具，只有氣象站還有燈塔的兩輛鐵牛車，於是返鄉團帶來的後勤輜重，便全靠它們運輸。所以農曆七月十一日，東吉的午後，除了人聲之外，便只有鐵牛車的引擎聲響個不停。或許人多好辦事，下船之後，兩個小時不到，臨時廚房便已經陳設妥當。儘管是在小島上，總舖師一樣照規矩準備十二道大菜，而所有七十張餐桌椅，全部是啟明宮的公物，完全不必勞累眾人抬桌抬椅。

至於綜藝團的舞台也裝了起來，招牌亮開，正好是「好好好」三個字。

天慢慢暗下來了，燈塔的燈亮了起來。東吉的晚天美麗得令人屏息。心想如果這是我的故鄉，我也會為了保護它這樣的美景而奮戰到底。

廟口的廚房慢慢飄來菜香，但東吉或許人煙稀少，空屋甚多，於是空氣中除了菜香之外，便是到處瀰漫著的蚊香氣味。

晚餐時刻，則是全村的聯誼大會。酒菜無顧忌的吃喝，歌舞當然無顧忌的唱跳，只是礙於電視的尺度，我們只能如此透露。至於家常瑣事，大夥無顧忌的大聲說小聲說，甚至連上了台也忘了顧忌台下有小孩，放膽的說。

一夜敘舊，一夜歡樂之後，有家的睡家，有床的睡床，至於我們工作人員無家無床，只好睡人家的屋頂。不過也有人睡海邊，有的睡碼頭，還有人睡到帳篷外面來的。反正，東吉就是家，所以處處都是床。或許他們都是這麼想著的吧！不過六點不到，全島又活躍起來了，因為太陽已經是整個的了。今天返鄉之行的重頭戲是王爺慶生跟普渡的日子，為了豐富今天的祭品，同時也為了回味一下兒時下海捕魚的樂趣，一大早許順德就約了兩個老朋友出海收定置網。許順德多年來已改行做塑膠射出成型，但看到他在海裡面的身手，顯見雖然離家多年，但功夫仍在。不過在巡過七、八處定置網之後，發現有些漁網已經被人先收了，許順德笑罵說：「可見有人比我還愛玩，更受不住誘惑。」果然不久，在回程的時候，我們就看到一艘插著啟明宮黃色旗幟的竹筏呼嘯而過，遠遠還傳來示威一般的嬉笑聲。

許順德告訴我們說：他小時候海裡的魚真是多得不得了，東吉嶼人氣最旺的時候，居民有三千多人，全靠捕魚為生，當漁源枯竭的時候，大夥陸續搬到台灣，依賴的仍是那些年所賺所存的錢。我們和東吉的下一代，當然無法領略當初繁盛的景況，不過東吉人比我幸運的是，他們還有港邊的水泥洋樓可以緬懷，可以做為跟下一代敘說的場景，而我的故鄉，可真的什麼也沒有了。

漁網收回來了，海水也泡夠了，但眾人的任務未完，玩心也還沒有完全釋放，於是一群人一陣吆喝又開著三部竹筏往東吉嶼旁邊的無人島——鋤頭嶼，他們去立牌子去抓羊。無人島上有羊，聽起來彷彿不合邏輯，想來是以前有人把羊放在島上，讓牠們自然繁殖吧！五十年來，群羊無首，因此算是公產。今天普渡，抓隻羊回來當牲禮，想想也無可厚非吧！

船靠岸，第一個要完成的任務是豎立告示牌，內容是請釣客們能和東吉人一樣愛護自然環境，保護漁源。之所以會想豎立這樣的告示牌，是因為許多台灣的釣客到了這裡，不但大小通吃，甚至亂丟垃圾。聯誼會的人說：「人不能老是守在這裡，立個牌子，至少也代表自己的苦口婆心。」

牌子立好，抓羊開始了。由於鋤頭嶼上草坡茂盛，又沒有天敵，所以目前島上的羊大約有五、六十隻。而此時正值羊群繁殖期，所以可以看到許多羊都身懷六甲，大腹便便。島的範圍比一般養羊的地方當然大了一點，但對抓羊經驗豐富的人來說，一旦把羊趕到海邊岩礁的地方，羊的行動一慢下來，不到幾分鐘就可以逮到一隻代罪羔羊了，而他們要的也只一隻而已。

羊抓到了，然而卻是一隻懷孕的羊，想想，就放了。空船而返，沒有人抱怨，反而覺得心安。回到東吉，似乎也沒有人提抓羊的事，或許多數的人都忙著在海水裡徜徉，享受家的溫暖，或者假期般的愉悅吧！

鋤頭嶼的告示牌立了，這會返鄉的第二個任務好像也得抽空完成才行。東吉人一直覺得家裡的門面少了一些綠樹，於是他們準備了一百棵椰子樹苗，計畫沿著東吉港種它一排。他們的理由是，全澎湖各離島僅有的四棵椰子樹就長在他們東吉嶼上，他們認為這四棵椰子樹直到今天還生意盎然，而且還能長出椰子來，可見在東吉種椰子是可行的。他們說東吉嶼已經很久沒有建設了，就從這一百棵椰子樹開始吧！如果不成，下回就帶另外一百棵來，說，有一天希望東吉能跟照片裡的夏威夷一樣。雖然是夢想，但一開始，夢彷彿就有實現的可能。

午後普渡，在東吉碩果僅存的乩童帶領下，眾人敬天地、敬鬼神，感激故鄉美麗依舊，感激離鄉的眾人衣食無缺，當然也得感謝眾人，鄉情依舊，甚至愈來愈濃。

最後一天了，早上八點是再度離鄉的時刻，來的時候偷吃暈船藥，現在可正大光明的吃。吃的還是這幾個下一代。三天下來，乍看之下竟然有些不同，原來皮膚曬黑了。根據我們的觀察，皮膚曬黑的程度與年齡成反比，而跟玩心成正比。

人，慢慢走了。帶走的彷彿也只是皮膚的顏色吧！鄉情留著，東吉嶼留著，藍天大海留著。人們看不見的寂寞也留著。

東吉嶼安靜下來了，而忙了好幾天的鐵牛車引擎聲，對我們來說，在人去島空的此刻，聽起來竟覺得溫暖。工作人員說就好像在荒郊徘徊了許久之後，看到二十四小時超商亮麗的招牌。

王爺也安靜了，是休息了吧！還是正在天上護衛一路遠去的孩子們海上的旅程呢？

宜蘭

❋打造吉慶與歡樂的一家人
❋馬賽夜市
❋二結王公廟搬家

打造吉慶與歡樂的一家人

林午大鑼之所以能得到薪傳獎，保有傳統技藝固然是原因之一，但是那種精神的傳承，才是最重要的。

「林午鐵工廠」位於宜蘭最熱鬧的中山路上，雖然外表看起來不太顯眼，不過，據說全省百分之八十的廟宇中的銅鑼，都是從這裡出去的。既然店名叫「林午」，所以產品也就叫「林午大鑼」。林午大鑼標榜的是祖傳三代，古法精製。三代是從創始人林午老先生開始算起。現在負責敲鑼的是林午老先生的六個兒子及孫子。他們說「我們是老闆兼伙計，家族企業。」

至於古法精製，指的是林家的銅鑼不用機器，是全手工一鎚一鎚敲出來的。做一個銅鑼其實講起來很簡單，但過程卻非常複雜。首先必須在一塊大銅板上用圓規畫出鑼的大小，依線切割，一般尺寸是兩尺八，然後用大鎚在銅板上不斷用力敲打，為的是要讓銅的質地變得緊密，聲音才會好聽。接下來是用圓規把「鑼臍」（鑼的中央突出的部分）標明，同樣是用鎚子槌出形狀，這樣鑼面的部分就大致完成了。至於鑼邊，則是用一塊長條形的銅板，慢慢敲出弧度，使整個銅條彎成圓周狀，再跟鑼面焊在一起，然後再磨平、磨光，一面鑼就此誕生。在整個製鑼的過程中，不停的敲是最主要的一個動作，也是最關鍵的動作。因為鑼的形狀好不好看、聲音好不好聽，全靠敲鎚的功夫。一面兩尺八的鑼，從開始到完工要敲四、五千下，而每一下都是非常結實有力，所以通常都是輪流敲。製造一個鑼，平均要花五、六天的時間。為了節目小組拍攝，林家大小發揮了高度團結合作的精神，把五天工作的時間，濃縮成一天。看他們很有默契的敲打、換手、再敲打，就是輪到休息的時候，也有人在旁邊幫忙遞工具、倒水。忽然覺得林午大鑼之所以能得到薪傳獎，保有傳統技藝固然是原因之一，但是那種精神的傳承，才是最重要的。

林午老先生的長孫林鴻權先生說：「我從小就開始槌了，以前都是阿公教，如果一做錯，就用木棒打人，現在不一樣了，做錯了，只能用講的。」

「林午鑼店」製造過最大的鑼是目前鹿港天后宮的鑼，直徑七尺八，總共花了一個多月的時間才完成。他們說，台灣的廟只要更換新的理監事，就會打一面鑼來慶祝，奇怪的是，每一次訂新的鑼時，廟方都會指定要比××廟的鑼更大。他們說：「這樣不好啦！愈比愈大，那以後怎麼做呢？」語氣雖然略有埋怨，臉上卻都帶著驕傲的笑容，那種神情，好像是在說：「隨便你們怎麼比，再大的鑼，我們也都做得出來！」

鑼做好之後，最後的動作就是調音。林家的人，似乎音感特強，只要聽聽鑼聲，就知道哪裡敲的力量太大或太輕、哪裡要修改。他們說，這不是敏感，而是經驗。因為不用機器，所以每一鎚都得靠自己來拿捏，這種是沒辦法教的，自己要用心多體會。阿公以前也是沒人教，也是靠自己摸索，所以「師父領進門，修行在個人」。

鑼，在台灣通常代表歡樂，可能因為如此，老總統去世的那一年，有關單位的人曾到店裡來說：「你們盡量不要敲鑼，盡量不要製造這種屬於歡樂的聲音。」他們回答：「不敲鑼，要怎麼調音？音沒調好，我們也不敢隨便賣給客人！」不過聽說那一年生意很差，可能相關單位對其他的廟也說過相同的話吧！

銅鑼完成了，每一面鑼的背後都會留下上千道的鎚痕。每一道鎚痕都是三代的經驗傳承和幾千個日子的自我修行，但似乎這樣的一種傳承技藝，就必須靠一個人丁興旺的家族來延續下去，否則就會凋零、消失了！

馬賽夜市

說夜市是一個移動的百貨公司，其實如果嚴肅一點來看的話，也有一點牽強，起碼，在百貨公司你絕對看不到斜躺在涼椅上賣東西的專櫃先生專櫃小姐吧！

「……就在馬賽仁愛路與信義路的大馬路邊，舉辦有服裝、五金、百貨的夜市大拍賣……」「請利用電視報新聞的時間，大家鄰居告訴隔壁，相約一同走幾步……在馬賽仁愛路與信義路的大馬路邊……」

每個月固定的幾天，午後四點，宜蘭馬賽的街道總會傳來這樣高分貝的擴音器的聲音。如果說夜市是台灣生命力滿到無處宣泄的表徵之一，那夜市的攤販們就應該算是……打不死的蟑螂吧？

一九九六年七月三十日，我們在宜蘭的馬賽。馬賽有兩大「名產」——麵包和夜市。馬賽附近由於有王永慶集團的工廠，工人朋友多，或許是這樣，麵包銷量大，競賣的結果是「俗擱大碗」，而且講究「熱度」，出爐現賣，至於夜市，那更不用說了，完全是針對這些工人朋友的荷包所設計的「普羅百貨公司」。

今天，王永慶集團的工廠發薪，所以夜市的攤販們就來啦！不過，比較不一樣的是，今天來到馬賽的這些夜市攤販是有組織的。組織，聽起來怪嚇人的，好像幫派，其實，安啦，這邊的流動攤販們不是幫派，他們的組織叫做「蘭陽夜市流動攤販委員會」，怎樣，挺正經的吧！

蘭陽夜市流動攤販委員會的發起人是吳文通先生，跟串場人的本名只差一個字，他跟王永慶有相同的學歷，以及相同的經營頭腦。

聽我們這麼「歌頌」，吳先生說：沒這回事啦，有差啦，人家吹冷氣，我們吹自然風！

他說不是自己頭腦比較好，是自己比較雞婆而已。「組織」的起因，是當初宜蘭的攤販都是孤軍作戰，這邊一攤那邊一攤，小集團三、四攤，最大的集團也不過十多攤，貨色不全又死守江山，一個月的生意好不到兩三天，其他時間大都在「打蚊子」，而且勢力單薄，常被在地的混混欺負、勒索，甚至連自己人都無聊到為了搶地盤打得頭破血流。所以呢，他就分別去找各地的攤販頭頭，說服他們說：喂，來組織一個大的流動百貨公司怎麼樣？

沒想到其他人正好也都有這種想法，於是民國八十年「蘭陽夜市流動攤販委員會」正式成立。剛開始合起來有一百多攤，幾年來東征西討，開疆闢地，已經在各地建立了定期的夜市場，甚至安排了巡迴日程表，攤販擴增到兩百多攤，有時候甚至還要分成Ａ、Ｂ兩團，以滿足各地夜市的需要。

除了沒有大門面，大招牌，以及每個整點會跑出來叫幾聲的咕咕鐘之外，蘭陽夜市流動攤販其實跟SOGO之類的百貨公司沒啥兩樣，非但食衣住行全包，甚至只要你想得到的東西，夜市一定買得到。而且，別忘了，它還是把整個百貨公司直接開到你家門口來，免稅又不必開發票，而且更不會有找不到停車位的煩惱。唯一的差別是，這樣的方便也不是每天都有，因為他們是採全省巡迴演出的。幾年下來，演出的場次聽說已經超過張學友的一百場；演出的行程，通常是晚上七點到十一點，事前除了擺攤子陳列貨物之外，跟其他夜市比較不同的是，「蘭陽夜市流動攤販委員會」非常重視宣傳活動。

最初，他們採取的是台灣選舉時最常見的車隊遊行，沿著當地的街道繞街宣傳，用麥克風強力告知當地的民眾，晚上不要忘了出來逛夜市。不過名號打出來之後，現在比較省事了，只要當天下午派一輛宣傳車出去提醒一下，晚上民眾就會習慣性的自動報到。

原本暗暗的街道，被整排燈光打亮，民眾自在優遊，耳邊是聽起來自有一種草根氣息的叫賣順口溜……這樣一個流動攤販的集結，很多人都抱怨它的非法性，不過，台灣許許多多中小型的鄉鎮卻早已習慣他們的存在，在固定的日子裡，甚至會期待他們的到來，一如期待一次聚會，一場演出，或者一個節慶一般的歡樂。

請注意，有些攤位所賣的東西看起來像軍火、像武器，看清楚了才知道是賣傳統的農具，如果連某些都快進故宮博物院的鐮刀、柴刀、菜刀在夜市都可以買得到的話，請問，還有什麼買不到？

說夜市是一個移動的百貨公司，其實如果嚴肅一點來看的話，也有一點牽強，起碼，在百貨公司你絕對看不到斜躺在涼椅上賣東西的專櫃先生專櫃小姐吧！難怪，有人說吃這一行飯會上癮，因為自由，賺吃自由又可以玩樂，賣東西還兼環島旅行，不過，這樣說好像也不公平，吳文通先生就說：啊，每一行都有每一行的苦啦，雖然自由心情好，但是每個女的都有「職業病」，只是不敢說。問清楚了，才知道「職業病」指的是「膀胱無力」，不知道他是不是誇張了，說做夜市生意的女人一百個裡面大概九十九個會有這種隱疾。

男人問題少，好解決嘛，至於女士，因為夜市所在的鄉下地方大家都很早休息，附近鄰居一到晚上就關門了，女士們只好「戒急用忍」，忍到回家才上廁所，久而久之，就「彈性疲乏」了。

或許是被吳文通的一席話給「洗腦」了，後來，當我們走過攤位看到許多女老闆熱情招呼的樣子，忽然間覺得：她們是不是都在強顏歡笑？

不知道是不是這個組織的向心力特別強，還是宜蘭人那種處處與人為善的傳統性格，這群人除了自己規定了一些比如九點之後不用麥克風，臨走掃地上門板等等的「愛民十大紀律」之外，去年，他們還成立了「愛心聯誼會」，他們從各鄉鎮所賺到的錢裡頭，挪出一部分回饋給當地最需要的人，什麼叫做「取之於社會，用之於社會」，我想這就是了吧？

夜深了，人潮逐漸散去，該收攤了。明天，這個活動的百貨公司又將遷移到另外一個地方去，隨著他們的腳步，台灣的生命力仍將持續滿溢。

二結王公廟搬家

宜蘭人所憑藉的，也許是這股不可以漏氣的榮譽心吧！一聽，當下自己身上一半的血剎那間受不了的虛榮，而且驕傲得忽然間熱了起來。

一九九七年，秋，我們人在宜蘭。或許自己的身上有一半宜蘭人的血，因此看到這樣的田園，本能的就眼睛一亮。我常想宜蘭人某些特殊的性格，是不是也源自血液裡殘留著的某種歷史的記憶。歷史是這樣的——一七九六年，吳沙開蘭，幾年後，熱情的移民，拜託福州將軍賽阿沖奏請清廷設治，沒想到，熱臉卻貼到冷屁股，清廷說：「唉！險遠難治，不用設了！」又過了好幾年，清廷才勉強的將它納入版圖。或許就因為在歷史上有這麼一段「爺爺不疼、奶奶不愛」的恥辱吧！宜蘭人於是習慣凡事照自己的方式自己來，做給大家看！

此時，我們人在宜蘭。這一次宜蘭人要做的是——大家作夥來移廟。

仰山文教基金會理事長林奠鴻先生說：「……我們希望透過這樣一個舊廟保存的活動過程，在同一個社區裡營造一個社區的公共空間，這樣人們就有很多條件、很多活動，社區的老人、青少年可以在這個空間裡活動、互動，大家喜歡來這裡；互動之後，彼此認識，感情更親切……。」

不過可別看理事長講得這麼輕而易舉，光是我們現在看到的動工就足足籌畫了十一年。十一年前，二結王公廟因為香客愈來愈多，廟方決定蓋一間大一點的廟。就這樣事情忽然就大條起來了，光是決定舊廟怎麼辦？新廟怎麼蓋？蓋在哪裡？要蓋成什麼樣子？十一年就過了。而現在我們看到的是最後的決議——舊廟照留，不過要換個地方。新廟照建，就蓋在舊廟移走之後的空地上。什麼時候完工？保守估計再一個十年跑不掉，反正就是做嘛！

今年七月，移廟的師父進駐王公廟，開始打造十年大業。而原本屬於廟口應有的功能以及日常活動倒也沒有因為工程進行而停下來。來自專門培育台灣移屋和移廟工程人才的搖籃——嘉義，林師父跟他的工作伙伴們，從開工以來，除了時時刻刻擔心工程的安全和進度以外，光是三不五時還得接受關愛媒體的訪問，他說：「頭就大了！」

林師父說：「……這棟廟的結構體與別的不一樣的地方就是沒有地樑，工作時要很小心，很注意。所以我們簽約的時候，要求很嚴，颱風來也不能有所損失，這是非常嚴重的一件事……。」從簽約的要求來看，宜蘭人做事之「頂真」可見一斑。想起的是曾經訪問過的前宜蘭縣長陳定南先生隨車攜帶工具抽查工程的情形，人家真的是當一回事來做。連王公現在的臨時別館都不打馬虎眼，痲雀雖小、五臟俱全，宜蘭人對王公的信仰，由此可見。

二結的鎮安廟因為供奉古公三王，俗稱王公廟。根據傳說，大王公擅長醫術，二王公精於地理風水，三王公善於伏妖降魔。兩百多年來王公廟就以其特有的方式隱隱地護衛著蘭陽人。

而就在王公廟臨時別館的正對面，是移廟師父們的臨時宿舍。這一群逐工程而居的年輕人，早已習慣工程做到哪裡就住到哪裡。而牆上的「文學」則是年輕的心驛動的記錄，無非是關於這個年紀應該有的憧憬，關於情愛的無傷大雅的戲謔。畫面上看到的其實是經過工作人員先行過濾後才播出的，現場則更為坦率直接、百無禁忌。

他們把女朋友隨身攜帶，而且還當著她們的面一本正經的說：帶來洗衣服的。雖然這一群小伙子，嘴上無毛，做起事來，倒是不勞人操心，大夥兒都經驗十足，因為他們是來自台灣地層下陷最嚴重的嘉義，正是所謂久病成良醫。這一次他們除了廟的升高工程之外，同時還要負責將占地一百三十坪的主體平移到正前方一百六十公尺的地方，而且來個一八〇度的大轉彎。聽起來真像是大衛魔術，只是這個工程百分之百是真的。

肩膀上揹一個擴音器，褲頭上掛一支大哥大，這樣的打扮，儼然已成為台灣工程界的標準行頭。現場我們只看到林師父滿頭大汗的看前看後，忙進忙出，一邊還要忙著跟我們解釋工程的進行。林師父說得很清楚，我們聽得很迷糊，倒是林師父的獨門絕活——同步油壓技術，讓我們見識到跟以前不同的千斤頂的升高方式，只是面對這樣的一座龐然大物，要感覺出它的移動還是有它實際的困難，一切只能靠想像。林師父說八月的時候連續來了兩個颱風，延誤了工程進度，這幾天正在趕工。一天趕多少工呢？答案是二吋。林師父為了讓我們拍得清楚，又特別為我們趕了一次工，從十二吋到十六吋，今天一整天的工作進度，聽起來像是螞蟻撼樹。他說接了這個工程之後，已經好一陣子沒有回家了，但宜蘭人做得這麼苦心，不可以讓人家漏氣，而宜蘭人所憑藉的，也許是這股不可以漏氣的榮譽心吧！一聽，當下自己身上一半的血剎那間受不了的虛榮，而且驕傲得忽然間熱了起來。

一九九七年教師節前夕，我們再度來到宜蘭，來看宜蘭人辦喜事。王公廟遷移的準備工作已經告一段落，二結人準備用自己的手、自己的心、和自己全身的力氣搬動王公廟，並且替這個活動取了一個格局極大的名字，叫——千人移廟百年情。

晚上的廟埕現場，但見大夥為了即將來臨的喜事歡喜地忙碌著。這一次，王公廟是主角，二結人將用歡喜的心情，為王公打點一場難忘的盛會。

既然是盛會，當然就少不了吃吃喝喝。好客的二結人特別設計了一個「你出菜、我出菜，二結鄉親大團圓」的活動。傍晚一到，只見家家戶戶人手一菜往會場集合。現場的媒體顧不得食指大動，忙著獵取各種鏡頭。媒體對宜蘭人的鍾愛，可見一斑。不僅二結人，連鄰近的四結人，也趕來出菜。就連念真情的「債權人」也不忘這個時候在鏡頭插一下花。一位有點害羞的林宏仁老師就是我們這一次拍攝主題的報馬仔。八月的時候，林老師透過電子郵件通報製作單位這個活動，我們就來了，沒想到在會場竟也碰到了，而且我們還看到二結地區老中青三代人幾乎全員出動，對外景來講真是很難得。工作人員說，很少看一個地方辦活動可以三代通吃的，而這就是宜蘭人。

午夜時分，火把點燃，象徵二結地區這一次起新廟、留古情的活動有了一個好的開始，而明天將是另外一個十年的延續。今天晚上二結人將點燃一盞盞的平安燈，為自己祈福，也為王公守夜。一謝王公，鎮海安蘭，護衛宜蘭人。再謝王公，博施濟眾，疼惜宜蘭人。三謝王公，德蔭桑梓，團結宜蘭人。

第二天，天才剛亮，在優劇場清越激昂的鼓聲下，來自王公廟轄區兩個半村子的移廟隊伍，就已漸次進入會場。中間當然也夾雜著前來觀摩的其他社區代表。在一陣一陣「嘿咻！嘿咻！」的聲音中，廟正一吋一吋的前進，在旁邊看著的我們忽然間覺得頭圍、二圍、三結、四結是不是也是這樣子一吋一吋開拓出來的。

起新廟、留古情。一九九七年十月十五日歷時三個多月的平移工程終於完工。成功將占地一百三十坪的王公廟平移至正前方一百六十公尺處。同時完成一百八十度向後轉的巨大工程。「千人移廟二結埕」至此告一段落。起新廟的十年大計，即將展開……。

讓我們一起期待十年後再見王公廟，而也願這十年，哦，不，願王公廟永永遠遠護衛宜蘭人，疼惜宜蘭人，團結宜蘭人。

花蓮

天使老矣

祖母級的徐小姐已經在這條固定的路線上跑了一、二十年了。她開玩笑的說，路愈來愈平，而臉部卻愈來愈皺，愈凹凸不平了。

一九九六年盛夏八月，我們循著早年傳教士揹著醫藥箱為花蓮地區的原住民做義務醫療服務的路線，走了一圈。

門諾醫院玉里診療所是我們到達的第一站。最初當然沒有這樣成形而固定的規模，只不過是一個巡迴的醫療站而已，後來因為病患慢慢多了，才逐漸形成一個固定的診療所。

這一天診所內的病人並不多，可是語言卻複雜的可以，布農語、阿美族語、泰雅族語、日本話，加上醫生的北京話、護士小姐彼此之間的台灣話，小小的一個診所，簡直就像一個台灣語言博物館，而醫生的病歷寫的還是英文呢！

護士徐小姐、黃小姐根本就是一個免用電池的「快譯通」，除了國語，還有她們本族的語言之外，日本話也算流利，因為遇到不同族的老年病人，日語便成了他們之間唯一的溝通工具。兩位護士小姐看似合作無間，其實工作範圍各有所不同。黃小姐負責玉里地區家庭醫療訪視，徐小姐則與程醫師負責蘇花公路沿線各村鎮的巡迴醫療。

門諾醫院，現在似乎已經逐漸被東部興起的超大型醫院的陰影所遮蓋，然而幾十年前傳教士揹著醫藥箱深入山地服務的精神，到現在一直不變。祖母級的徐小姐已經在這條固定的路線上跑了一、二十年了。她開玩笑的說，路愈來愈平，而臉部卻愈來愈皺，愈凹凸不平了。

「和仁」是另外一個定點的醫療站。硬體設備只不過是路旁民間加蓋出來的棚子。小孩子們看到醫療車來了，每個都變成不插電的大喇叭，把村裡的病患全部喊出來。

當年醫療資源缺乏的時代，巡迴醫療車的到達是當地的一件大事。大夥一定是殺雞殺鴨，好像只有這樣才能表示他們對醫生、護士的感激。現在心情不變，只是形式改變了，看到他們提著水果、飲料來，而醫生轉手間就把它遞給身邊的小孩。

徐小姐說，早年門諾醫院製作了許多藍白相間的旗子放在沿線的各小村莊裡，只要村中有人生病，就把旗子高高升起，醫療隊員就知道當地有人需要服務。現在則相反，醫療隊一到，就把旗子揮起來，病人就知道醫生來了。可是好像也不一定。在崇德，明明車子還沒到，旗子也還沒插起來，教堂外面早就有一堆人在那裡迎接了。他們熟練的幫忙陳設醫療桌椅，然後井然有序的排卡看病。我們發現，此地最大的特色是陪病人的家屬比看病的人多，因為老年人看病，女兒、媳婦帶他們來，小孩子不能丟著不管，於是一家三代全員到齊。或許相處久了吧！醫生好像跟誰都熟。聽他們講話的內容，除了病情問答之外，多了許多像朋友般的交談。比如醫生會說：

「這一次怎麼是你帶祖母來啊？」「哥哥當兵去了！」那是一種令人感動的了解，是一種久違了的醫生與病人之間的人情。

黃小姐原本在門諾醫院做事，自從嫁到玉里之後，便開始負責玉里地區的家庭訪視與居家護理。雖然近年來有了全民健保，門諾醫院對六十五歲以上的老人也不收掛號費，但我們都忽略了，要一個住在偏遠地區、行動不便的老人到醫院看病，還是需要一筆昂貴的車錢。一趟計程車就需要六百塊，而這個健保可是不負擔的，所以黃小姐依然騎著醫院配給她的摩托車，每個禮拜一次，頂著太陽，顛簸兩小時，一一探視他們。

一直以為看遍生老病死的黃小姐會比較豁達，沒想到路上她竟然不經意的感慨說：「人還是有錢一點好。有錢，甚至老了可以不怕沒錢坐計程車去看病；有錢，也可以讓有心替別人服務的人做更多事！」聽完之後，總算了解她的意思。門諾醫院自從東部大型醫院興起之後，醫護人員流失，募款也不容易。不過她倒是說，早年傳教士揹著醫藥箱可以替人家服務，我們也可以吧！何況現在的路好走多了，而且我們還有摩托車呢！說著好像自嘲一般，她笑了起來。

青山依舊在，繁華已成煙

林田山的命運和九份很像。早年人來是因為這裡有現成的財富；人走是因為這裡什麼也沒有了。是一個注定被掠奪而不是被經營的地方。

平地豔陽如炙，而花蓮林田山的早晨卻沁涼如秋。不知道是山頂的陽光顏色一樣，是山林裡面的氣息一樣，還是那種寧靜、近乎透明的氣氛一樣，剎那間自己好像回到三十年前的九份。不過除了環境，林田山的命運和九份很像。早年人來是因為這裡有現成的財富；人走是因為這裡什麼也沒有了。是一個注定被掠奪而不是被經營的地方。

整個林田山目前唯一有建設性的例行工作就是巡山吧！巡山員理論上來說也是公務員，不過他們的辦公室可大了！平均每天得走三十公里路，所有辦公用品，包括當天的糧食飲水以及求生保命的必備工具，全部放在身上。至於辦公環境是百分之百自然，冬冷夏涼。海拔一、二千公尺全靠兩條腿，辦公兼運動。

巡山，無非是看看這個打不還手、罵不還口的傻大個兒有沒有被欺負了？有沒有人來濫砍濫伐？當然也有自然不可抗拒的因素讓山受傷，如風災、水災、樹木傾倒流失。凡是今天與昨天有所不同的狀況，他們就得拍照存記、撰寫報告、呈報上級。所以每回颱風過後，也是他們最忙的時候。

露宿山巔、幾天不歸是常有的事。也許是跟山跟樹有感情，他們說最不忍心看到來不及成材就慘遭天災人禍的樹木，他們的形容竟是「痛失英材」。天災也就算了，最氣的是人禍，是盜木的山老鼠，他們還說巡山員是沒有司法權的，所以看到山老鼠也只能盡快的知會警察來抓，不過警察的腳步通常沒有電鋸的速度快，即使抓到人，通常「英材」也痛失了。反正有權沒能，有能的人沒權，這是三民主義的精神之一，叫「權能區分」。

林田山，早在民國二十八年，日本人就在這裡成立了伐木事務所了，當時叫做もりさか——林盛，大概是林木茂盛的意思吧！光復後，林田山從國營開放為民營，再從民營收歸國營。現在的主人是省林務局的萬隆工作站。不過實際上林田山目前山還在，「林」很久以前就沒有了。

二十四年前，林場的工人想烤幾隻野老鼠來吃，不小心竟引發了一場森林大火，大火燒了整整一個月，二千多頃的林地就這麼化為灰燼。烤熟的野老鼠，大概可以裝滿幾卡車吧！

老一輩的居民說，大火撲滅的那幾天，風吹過沒有林木的山頭，那種聲音實在不舒服，因為有樹的時候，葉子被風吹過的聲音像「爽（song）！爽！」，後來聽到的都是「痛！痛！」。從此林田山就安靜下來了。痛久了再猛也沒有聲音。

那天當我們走進林田山唯一的國小——森榮國小的時候，正好有一群小朋友在舉辦夏令營。

細問之下才知道，最盛的時候，擁有數千人的林田山，在居民只剩下三、四百人之後，連唯一的國小都早已被裁撤。那天的夏令營只是借用場地而已，小朋友也都是從鄰近的學校過來的。小朋友當然不知道這個村子過去的歷史，但是對於居民為延長木材的壽命，而把它漆成綠色的木屋，倒是充滿了好感與興趣。小朋友說：「來這裡很好玩，因為到處都是綠色的東西，對眼睛很有幫助！」

二、三十年前電視不發達的時代，林田山的小朋友把看電影當成了唯一、也是最重要的娛樂。每當山城裡的中山堂要放電影，家家戶戶都會提前吃晚飯，提前做功課，等待這神聖一刻的到來。居民說，那時候連附近地區的人都會湧到林田山來。中山堂也只有在那一刻才真正成為大家的精神堡壘。如今山城的精神堡壘還在，教堂、學校、員工福利社也都還在，沒有的是山中伐木的聲音，運材火車、流籠的煞車聲及市集裡人群的聲音，就像當年礦區關閉後的九份，像一個年歲已大的阿媽，靜靜的坐在陽光下，回憶著青春，回憶永遠不再回來的青春。

在大地作畫的人

看著豔黃的色彩逐漸在畫面中消失，這才又讓我們想起了初見時的震撼，而現在這幅畫的構圖正逐漸被改變。明天或許會是另外一種色彩吧！不過相信構圖絕對不會一樣的。

一九九六年九月三日黃昏，當我們到達這裡的時候，所有人都出奇的沉默，剎那間彷彿都被眼前的顏色給迷住了。有人說：這是台灣嗎？像梵谷的畫，更像高更的畫。其實也都不像。畫，用的是油彩與畫布，而這裡用的是土地與汗水，且作者是一大群沒沒無聞的人。

清晨五點，來自山下的「畫家們」都起床了，這裡是他們臨時的家。早飯吃完，他們就開始著裝，準備上山「作畫」去。理由是地勢高，離太陽比較近，所以太陽比較毒，早做早收。花蓮玉里的赤科山，金針栽培專業區，在綠色的原野與黑色屋頂的背景襯托下，黃澄澄的一片就是金針。金針，有人叫它萱草或者忘憂草，幾年前有人想把它當成母親節時屬於咱們自己的另一種康乃馨。不管它叫什麼，在赤科山上它只是一種作物，是這一群來自山下婦人們工作的對象。

或許金針栽培區的地形像茶園，所以婦人們的打扮也像採茶姑娘。如同她們所說的，「離太陽比較近，所以太陽比較毒」，因此每個人都從頭包到腳，理由是「賺錢有數，『水』也要顧」。長達一個月的採收期，婦人們不論晴雨，日出而作，日落而息，因為金針是不管晴雨，天天開花的。

用來曬金針的花，必須在盛開前採收，花一開就沒有用了。所以第二天一到田裡，哪一區開花的金針多，那就表示昨天誰不仔細，沒有摘乾淨。一位婦人說：「如果沒摘乾淨，花開太多，就不好意思了！花開了，老闆就心疼了！」

十點多吃點心。也許是外來的工作人員，族群非常複雜，所以光一句「吃點心囉」，我們可以聽到台語、國語、原住民語言，甚至日本話！

赤科山之所以叫赤科山，是因為這裡早年盛產赤科樹。赤科樹是什麼？那是一種用來做槍托的木頭。四十多年前，當過日本軍伕的張文勇先生受雇來赤科山砍柴。八七水災，南部地區農田大量流失，損失慘重，張文勇回鄉告訴大家說，赤科山樹林砍伐之後，正好留下了空曠的山坡地可以開墾，於是許多人就這麼上山，開始了篳路藍縷的過程。但是張文勇先生現在已經無法工作了，天天坐在輪椅上。張太太說：「看他這樣口水流不停，我是眼淚流不停……現在天天望天、望地、望子孫了！」

陳錦竹先生說：「那時來的時候，身上也沒什麼錢，所以就先買兩隻豬，一隻公的，一隻母的。種番薯餵牠們，人也可以吃，也可以餵雞。豬大了可以生小豬，愈生愈多，就可以賣了。雞長大了，就挑到玉里去賣，換米回來。我們有三年沒吃過米飯，都吃番薯呢！」

現在當然不用再吃番薯了，不過經營的壓力還是很大。比如大陸走私來的金針很多，所以價錢拉不高。農村人口外流，工人難找，都是問題。陳先生說，光是去年眼睜睜看著滿山的金針開花，開成一片。山下來了一堆觀光客，還有婚紗攝影的人。人家笑眯眯的說花好看，我們只能躲在門後面哭給自己聽。

金針不但採收的方法像茶葉，連後製也差不多。一樣要殺青、曝曬，然後烘乾。一烘就是十幾個小時。十幾個小時裡要隨時巡視。陳先生說金針期一到，他每天睡不到兩小時，整個腰帶鬆了兩格。

臨走，工人正在午餐。天色忽然晦暗起來，而且響起了悶雷，大家顧不得吃，先去搶收曬在外面的金針。看著豔黃的色彩逐漸在畫面中消失，這才又讓我們想起了初見時的震撼，而現在這幅畫的構圖正逐漸被改變。明天或許會是另外一種色彩吧！不過相信構圖絕對不會一樣的。把這樣的感覺告訴陳先生，他說：「啊！真的！不過樹本來就是綠的，金針本來就是黃的，而屋頂本來就是黑的啊！」「可是你不覺得黃色的金針，放在黑色的屋頂上很好看嗎？」「噢！是哦！」我們問他說為什麼一定要把金針曬在屋頂上呢？陳先生神祕的說：「你自己來種幾年就知道了！」

想到了嗎？把金針曬在屋頂上不是讓顏色更好看，答案很簡單，因為所有有用的地全部開墾來種金針了，已經沒有多餘的地可以曬金針了，所以金針只好晾在屋頂上了。

會走路的郵局

全島唯一的行動郵局，郵戳是熱門貨。行動郵局一天移動十幾個地方，蓋哪一個地名都不對，所以乾脆就叫「一汽」。

早上八點，這一間全台灣獨一無二、自己會動的郵局再度上路為民眾服務去了！若不是親眼所見，許多人一定只知道行動電話、流動廁所、流動攤販，一定不相信世界上會有郵局自動開到家門口，替人民服務的事。但對花蓮玉里地區的人來說，八年來對這一間會走路的郵局的出現，不但習以為常，甚至還把它當成生活的時鐘。

由於花蓮的地形狹長，玉里又被秀姑巒溪分割成東西兩岸，河東的聚落又從北到南四處零落，要設個固定的郵局，實在找不到大家都方便的地方，而且成本也划不來，所以就想出這個行動郵局的點子。雖然郵局是在一部車上，工作人員總共才兩個人，但是吳德利局長還是局長，不是車長。

雖然只是一部車，所有郵局的業務，不管是儲匯、郵務，甚至國際快遞一樣照常服務。不但如此，有時要屈就自己成為其他郵局的託運車，替郵差投遞一些體積龐大、又重、摩托車無法運送的包裹物品。通常是郵差在前一天通知收件人，約好第二天郵局經過的時候，拿印章、身分證去領。

行動郵局一天要跑十一個定點，所以每個定點大約只能停留半小時，逾時不候。根據我們的觀察，通常是民眾在等郵局，就像我們等定時的客運車一樣。兩天相處下來，發現與其稱它行動郵局，倒不如叫它行動銀行還恰當，因為最普遍的業務是存、提款。荒郊野外，一間銀行帶著錢跑來跑去，想起來還挺沒安全感的。何況沒有保全人員，而且局長與局員看起來又是連吵架都不會用髒字的老實人，萬一……，怎麼辦？局長說：「不會啦！這裡每個人都認識。」不過，當我們要拍局長拿錢的畫面時，局長還是不許，他說：「防還是要防呢！」但是理由還是非常奇怪，他說萬一錢真的不見了，那下一站等著用錢的人就很麻煩、也很辛苦了。這樣的老實人在現今社會已經不多了，當我們說這部車是我們見過「最親切、最有氣質的賓士車」的時候，他根本聽不出來我們語氣中那種虛偽的清高，反而很真誠的讚美說：「這部車真的很好用耶！到現在也沒拋錨過……」

局長與局員兩位憨厚的人，就開這一部憨厚的賓士車在玉里風雨無阻了八年。局長說，其實看不見的地方，已經修過、換過好多次了，不過看得見的地方始終沒換。始終沒換的，除了人和車子之外，大概就是誠意吧！老人說，雖然現在有農會可以存、提款，不過他們還是喜歡行動郵局，因為不會寫名字的話，每次提錢，他們會主動幫他們填單子。我們問局長，郵局與農會有何不同之處？局長想了想，「農會是職員倒茶給民眾喝，那我們是有人倒茶給我們喝啦！」說完，他得意的笑了！

中午休息時間，停車所在的學校特別以每一餐二十元的優惠價格，讓他們享用唯一可以外帶的營養午餐。飯自己添，菜自己舀。負責監廚的老師說：「也沒什麼大魚大肉，不過保證營養。」而且還有一點點禮尚往來的感情。

既然是全島唯一的行動郵局，於是和它有關的一切就成為集郵人士的最愛，比如說它的郵戳就是熱門貨。因為一般郵局的郵戳都是地名，行動郵局一天移動十幾個地方，蓋哪一個地名都不對，所以乾脆就叫「一汽」，大概是一部汽車的意思吧！這「一汽」之下，有時候可忙壞了這兩個老實人。他們說，許多人會寄匯票來給他們買郵票、首日封，請他們蓋上「一汽」的郵戳之後，再寄回去。郵務士紀先生說：「有些民眾還叫你郵票要怎麼貼、貼幾元的郵票、日戳要怎麼蓋、蓋在角落或中間……他們都會畫好，甚至日期也特別規定，如自己的生日……事先就寄過來，然後叫我們在他生日的那一天幫他蓋好，寄回去……甚至等過一個三個月的……」局長說：「每一次只要新郵票上市的那一天，一定特別壯烈，兩個人的手就像彈簧一樣，不過沒關係啦！反正是舉手之勞嘛！」這話倒挺寫實的，只不過舉的是幾百次的手！

臨走時，我們還是忍不住讓局長舉了一次手。我們寫了一封信，蓋上了郵戳，寄回公司，除了紀念之外，我們也想讓那些不知道有行動郵局的人，在台灣地圖上拚命找一個叫「一汽」的地方。

鯨面工作室

鯨面本身正如同其傳說，美麗的背後有著來自生命的痛苦。泰雅老人常說：「如果連刺鯨面的痛苦都忍受不住，那生活的痛苦怎麼辦？」

一九九七年五月二十六日早上八點，花蓮秀林鄉富士國小的小朋友，和全台灣的小朋友一樣，正開始他們另一天的學習生活。比較不一樣的是朝會結束之後，四年級的小朋友們將走出校門，到田貴實叔叔的工作室去，去上一堂課本裡沒有，然而卻跟他們息息相關的課。或許現在他們並不一定懂，但長大之後如果回憶起這一天，或許有人會把它當成是認祖歸宗的大日子。

「田貴實鯨面工作室」的招牌或許會讓人訝異的想，啊?!現在還有人在鯨面啊？台灣到處正流行的新名詞叫紋眉紋眼線，「鯨面」在泰雅卻幾乎成了絕唱。但是，如果還有這個工作室的存在，也許我們對於鯨面這項傳統的延續，可以「暫時」不必覺得那樣迫切吧。

關於鯨面的傳說，是泰雅族一個美麗而強悍的故事。故事一再被流傳，總也說不膩。傳說很早很早以前，深山裡面有一個大石頭，有一天石頭裂開跑出來一男一女兩個姊弟。當他們長大之後，姊姊想到傳宗接代的事，她想跟自己從小相依為命深愛的弟弟結婚生子。但是弟弟顧忌著兩人之間的血緣關係而不敢答應。於是，姊姊便在自己的臉上刺青，讓弟弟以為她是別人。於是，族群開始繁衍、流傳……。

鯨面本身正如同其傳說，美麗的背後有著來自生命的痛苦。泰雅老人常說：「如果連刺鯨面的痛苦都忍受不住，那生活的痛苦怎麼辦？」

或許已然經過來自鯨面及生活雙重痛苦的淬礪吧，田貴實，這位記錄泰雅鯨面的影像工作者所記錄下來的臉孔，難怪都那樣溫柔，而且平靜。

「剛剛你們進來的時候，看到那麼多的相片，你認識哪幾個？」

「知道這個的舉手？」

「喔！有那麼多人舉手！」

在田貴實的工作室裡，富士國小的小朋友正興高采烈的看著掛滿一屋子的鯨面照片。儘管每一張臉後面都有一個故事，有些故事還來不及說，主角就走了。田貴實只能用一朵紅花貼在照片的一角，來表示他的遺憾。

亞蓬巫萍，漢名歐雪玉，當然也有她自己的故事。十多年前兒子ＤＡＭＯ出海，一去音訊全無，所有人都認為ＤＡＭＯ已經到彩虹的那一邊去了。只有亞蓬巫萍和她姊姊亞蓬巫茂相信ＤＡＭＯ會回來。去年，ＤＡＭＯ真的回來了，但相依為命的姊姊亞蓬巫茂卻又到彩虹那一邊去了。泰雅又消失了一個忍受過鯨面與生活雙重苦痛的人，然而她一生的故事卻還來不及留下。

也許就是這種隨時將消失凋零的恐懼和壓力催逼著田貴實吧！於是他只能加緊腳步，希望為每一張看似平凡平靜的臉孔留下他們生命的故事，好告訴現在和未來所有泰雅的孩子。

「我還在水泥工廠上班，時間有限，所以有時候我把一天當兩天用。事實上，我還是最疼愛記錄鯨面這樣一個工作，可以對我自己的族人做一個交代，尤其是我的孩子……在我個人就是，跟時間做拉鋸戰，跟自己的身體做肉搏戰……」田貴實這樣說著。水泥廠的工作對田貴實來說是必要的謀生，至於記錄那些臉、那些故事，反而成了他自己生命中最重要的責無旁貸的事。

就像許多開創者一樣，最初的工作，總是寂寞而令人洩氣。因為並不是每一個鯨面老人都能接受他。「這些老人不讓你拍照，他們對於那些文明的東西非常排斥，更何況我帶相機去。……」田貴實說著拍攝工作過程中的困難處。

鯨面是往昔榮譽的標記，但是在異文化、鄙視與獵奇的眼光凌虐下，即便自己泰雅的孩子要來拍他們的臉，這些泰雅老人也會懷疑、警戒。田貴實說，有一回一個老人還放狗追他，情急之下他只好跳進水溝自保，結果整組錄音跟照相器材全部泡湯。而今天他所拍攝的織布老人——杜門拉娃的反應，就真的讓我們見識到田貴實工作的辛苦。杜門拉娃織了一半的布，看見田貴實用相機在瞄她，她乾脆用布把織布機整個蓋起來，最後還是靠田太太動之以情，拜託杜門拉娃阿嬤教她織布，田貴實才有機會透過觀景窗仔細的注視，並且記錄下來這張已然成為泰雅族群文化遺跡的臉。

當初田貴實幾次都想開始著手這樣記錄、保存的工作，但礙於工作時間及金錢遲遲都沒有動手。有一天兒子經緯在學校裡面跟人打架，理由是因為同學開玩笑說，你們泰雅的祖先都是黑社會，有刺青。田貴實聽完二話不說就開始工作了。時間、金錢的壓力此刻全丟在腦後。田貴實說：「我想做的，其實只是想讓孩子們知道，鯨面在泰雅是一種榮耀。要會打獵的男人、會織布的女人才有資格獲得這樣的榮耀。」「我很想告訴孩子們，像杜門拉娃阿嬤雖然容顏已老，鯨面的顏色已不復鮮綠，但是所代表的榮耀還在……」

當我們記得田貴實的誠意的時候，我們更不能忽視田太太的付出。田貴實說最初他會積極開始這樣的工作，老實說都是受到田太太的影響。田太太因為在葬儀社工作，每次處理鯨面老人的喪事之後，心中都會對鯨面老人又少了一個感到惋惜。因此她積極鼓勵田貴實來做這樣的保存工作。現在，在田貴實的工作中，田太太也扮演一個非常重要的助手角色。有時候因為田貴實是個年輕的男人，一些傳統的歐巴桑或老嬤嬤不好意思或不敢跟他講話。這個時候就要由田太太來協助他，出面替他溝通，工作才得以順利完成。

工作成了田貴實自我的期許，也成了責任。他的遺憾是，如果當初不要猶豫那麼久就好了，那樣就可以多記錄一些人了。

已經八十多歲的哈隆是田貴實整個記錄工作過程中最完整的例子，因為他豪爽、好客、幽默，而且能言善道，個人的經歷幾乎就等於是一頁原住民的現代史。

哈隆五歲那一年日本人來了，族人擔心以後不能鯨面，於是決定先下手為強，趕忙做了再說。沒想到哈隆受不了痛，只鯨到一半就跑到深山裡躲起來。族人發動搜山，最後像抬山豬一樣把他抬下山，繼續完成神聖的使命。族人真的有先見之明，哈隆說，後來日本人真的不准人家鯨面了。抗命的人，日本人甚至用刀子把刺好的部位刮下來……。哈隆說的得意，忘了當年怕痛逃亡的往事。他得意自己，是末代臉上有著榮譽標記的泰雅人；得意自己，不像他現在所面對的我們，一個一個臉上都光光的像猴子……。

不過離開哈隆的時候，我們都沒有回頭。我們只想記住他宏亮的聲音，和有著美麗鯨面的臉。也許我們怕的是當我們回頭的時候，他已經不在那裡了。

台東

❀悲劇英雄們的故鄉
❀相逢何必曾相識
❀藝術家頭目
❀綠島海底安安的家
❀蘭嶼朗島村

悲劇英雄們的故鄉

紅葉，打開台灣棒球運動的新頁，卻也因為盛名，或者不懂外面世界的遊戲規則而迅速凋零，不死的大概是精神吧！

來到台東紅葉村時，正巧遇到今年第一場秋雨。那樣的氣氛很像我們看到紅葉村路標時的心情，莫名的卻隨時浮現的憂傷。

紅葉，給我們第一個聯想不是秋天，而是少棒。少棒球員的塑像在這裡，無所不在。延平鄉公所大門口有，紅葉村的村口有，紅葉少棒紀念館前更不能少。而最多的應該是散布在每一個布農族少年的心中以及每一個三十五歲以上的台灣人記憶裡面吧！

如今的紅葉國小，其小依舊，學生總數三十二人，很勉強的湊成一個球隊。一群紅葉國小的小朋友爭先的說：「我們現在還有和永康、桃源、武陵國校打棒球。桃源第一名，我們有時排第三，有時排第四……。」雖然戰果不佳，但精神不死，儘管已經很久沒拿過冠軍了。不過村裡的紅葉少棒紀念館依然保留了全村乃至全布農族昔日棒球的尊榮與滄桑。

紀念館內展示著昔日縫縫補補的棒球，訴說著當年貧窮、毅力與夢想，而各式的錦旗、獎杯，榮耀依舊，可是相較於當年紅葉球員的命運，這又能代表什麼？是永不褪色的尊榮，還是像這一座雙腳被綁在冠軍杯上，卻兩手空空、啞口無言一樣殘酷的寓言。

紀念館的管理員是當年紅葉隊左外野手邱德聖的太太——李秀琴小姐。於是每一個來到這館裡參觀的遊客就不厭其煩、重複的詢問她當年的情形。在一旁看著的我們有點不忍，不知道她該用哪一種情緒去面對那一段光輝燦爛，或者悲劇開場，或是空留遺憾的往事。

一位遊客陳先生說：「我們今天有職業棒球，可以如此轟轟烈烈的和世界各國比賽，與其說這裡是台灣棒球的發源地，應該說是棒球的聖地……」的確是聖地，對大多數三十五歲以上的人來說，全島半夜起來看棒球，小孩勝敗之間，彷彿跟國家興亡有關的激情，乃至於後來台灣棒球運動的興起，這一切不都是從一九六八年八月紅葉少棒隊打敗日本調布隊開始的嗎？

紅葉，打開台灣棒球運動的新頁，卻也因為盛名，或者不懂外面世界的遊戲規則而迅速凋零，不死的大概是精神吧！那天我們剛好看到紅葉代表隊參加鄉運，雖然是臨時成軍，球員加教練總共才十人，面對兵多將廣的台東農工，仍然毫無懼色。無懼對小孩子來說是因為天真，然而，當年我們把超重的期待強壓在一群天真的小孩子身上，一樣無懼，這是大人的天真吧——叫做愚蠢。我常想，一九六八年的那一場球賽，如果能再來一次，紅葉敗了，也許紅葉小將後來的命運會好一點吧！

當年十二個球員，如今死了六個，活著的只有邱春光一人在村中開計程車，其餘的，不知流落何方？他們是否偶爾也會想起棒球？想起一九六八年的那一戰？或是想起故鄉？

相逢何必曾相識

沒關係！誠意就好，大家都在學習，他們在學習健康的知識，而你們則在學習未來怎麼跟這一群和你們完全不同背景、不同生命經驗的人相處。

離開紅葉村的那一天，雨停了，是那種令人了解什麼叫秋高氣爽的好天。一路上攝影師一直追蹤著天空的老鷹，於是車子在山區裡上下來回，意外的和一群台北來的年輕朋友相遇——他們是陽明醫學院牙醫學系口腔衛生服務隊的師生們。

或許是第一次走出校門下鄉服務吧！更也許是攝影機在一旁打擾的關係，不管來服務的和被服務之間，都有一種奇怪的羞澀和緊張。我們很想和這一群學生說：「沒關係！誠意就好，大家都在學習，他們在學習健康的知識，而你們則在學習未來怎麼跟這一群和你們完全不同背景、不同生命經驗的人相處。」

口腔衛生服務隊是陽明牙醫系的師生共同組成的。每年暑假開學前都會出隊服務。今年之所以會選定以桃源為主的延平鄉為服務對象，是因為離延平最近的牙醫診所也要在二十公里之外。

幾天工作下來，他們說這裡的小孩蛀牙蛀得非常淒慘。單單補牙齒，平均每個小孩都需要補四、五個洞。他們感嘆說：「這裡的小孩其實滿可憐的，因為父母分居的很多，小孩大多是由爺爺、奶奶扶養，年長的祖父母對牙齒的衛生觀念當然不夠，於是幾乎每個小孩都有一嘴爛牙！」

儘管鑽牙的聲音滿刺耳的，不過桃源國小的小朋友似乎還滿興奮的。但是興奮的理由竟然是「可以不要上課啊！」那天服務隊的四個正牌牙醫師，大概診治了七十幾個學生的牙齒。這樣的診療效果雖然有一點成就感，不過他們倒說，治療牙齒比較簡單，口腔衛生的宣導就有點問題了。一來是因為這裡的資訊太缺乏，連訂個報紙都要五家一起訂，送報生才會送。二來家長個個自己都是滿嘴檳榔，戒都戒不掉，叫他們怎麼去要求小孩口腔衛生呢？

那天工作結束後，我們跟著他們回到宿舍的地方——布農部落。因為引入這個服務隊的主要人物白光勝牧師，正是布農部落的創建人。第一次看到這個人，很難相信他是牧師。初見面時，他正在雨中專心的割草，不修邊幅，說他是牧師，倒不如說他像一個隱遁到東部來的一個藝術家。然而就因為他在延平教會裡面成立了布農育幼院，推廣學前教育，因為他，無數的大專學生才來到桃源村，為他的布農子弟做暑期課業輔導。也因為他，社會湧來的捐款幫他建立了布農部落。在布農部落中，他成立了殘障工作室，提供村莊的老弱殘障一份工作的機會。打赤膊也拄著拐杖的他，下一步想做的是籌措足夠的資金，建立一個戒酒中心，幫助村裡酗酒的成年人。

我們大概不會忘記這一次偶然的相遇吧！看到一群有點羞澀緊張的大學生，誠意的奉獻自己所學；看到一個這樣的牧師，粗獷的外表下，一顆細膩而熱情的心。回程，我們都出奇的安靜，或許自覺什麼也沒付出吧！

藝術家頭目

因為從小就沒有頭目該有的威嚴，特別是迷上雕刻之後，不僅父母，連村裡面的人都快瘋了！因為哪有頭目不以身作則下田耕作，而是整天只會拿雕刻刀敲敲打打。

一九九七年四月十三日，我們來到屬於台灣卑南族的建和部落。雖然只隔著一座中央山脈，但是東台灣彷彿就有了自己的天空與山色，除了特別綠的山、特別藍的天之外，在這裡，連生活，都有他們獨特的節奏。

以前叫做射馬干的建和部落，給我們的第一印象是清爽乾淨。後來我們才知道，那是因為他們有一個「藝術家頭目」！

陳文生的卑南名字叫「哈古」，他是建和部落的第六十九代頭目，也是卑南族唯一從事雕刻的藝術家頭目。哈古常笑自己是末代頭目，因為從小就沒有頭目該有的威嚴，特別是迷上雕刻之後，不僅父母，連村裡面的人都快瘋了！因為哪有頭目不以身作則下田耕作，而是整天只會拿雕刻刀敲敲打打，這叫族人該怎麼辦？

我們問哈古，當初是怎麼開始迷上雕刻的？他說是高中時有個同學教他用雕刻刀，教他比例、透視等等技巧。有一天，他發現把刀用在刻木頭比用在殺山豬上有趣多了，於是就開始他的雕刻不歸路。

由於老頭目和村民反對，哈古曾經封刀，一直等到老頭目過世，哈古四十二歲那一年才重新操刀。阿嬤說，老頭目在的時候，哈古晚上敲敲打打的雕刻聲會吵到左鄰右舍，大家去跟老頭目抗議，所以老頭目才禁止哈古雕刻。根據我們側面了解，當時哈古因為常常廢寢忘食的雕刻，結果白天沒有力氣種田，頭目家裡很多田地因此而荒廢，所以老頭目才嚴格規定他不准再雕刻。

十幾年過去了，當初怕哈古不成材，三更半夜被哈古雕木頭的聲音吵得很不爽的村民，現在卻說，哈古是一個民主頭目，而且，以前的頭目是很嚴肅的，哈古不同，他是微笑頭目。哈古自己說，對，我還是個民主頭目，沒有一夫多妻！

現在哈古在雕刻上雖然有了成就與寄託，但是他說，自己做為頭目能以身作則的，好像只剩下帶頭整理環境衛生。不過我們知道，那只是他的客氣話。在台東原住民文化會館裡，我們看著哈古跟一群不同族群的原住民一起做著裝飾會館的工作。大刀小刀自信的起落，自己族群的圖案在瞬間粗獷的浮現，哈古果真是個不折不扣的文化頭目。

哈古說，現在的頭目應該要有遠見，大家都在做的頭目就不要做，而是應該幫大家找新的出路，開發新的生機。而雕刻就是一條新的路，更何況刻出來的是自己族群的文化，而且石雕又能保千年不壞。

「我們這個地方受到很多外來強勢文化的影響，幾乎連我們自己的人都不認同自己，甚至於到台北工作之後都忘了自己的母語……而我們受過教育之後，會慢慢體會到應該愛惜自己的文化，我的動機就是這樣來的……」

那天晚上，我們和一群部落的年輕人在哈古的工作室裡唱歌吃山豬肉，他們每個人都鄭重的穿上傳統服裝。後來一問之下，才知道原來是頭目一聲令下要他們穿來上鏡頭的。哈古得意的說，我們卑南族的年輕人，男的帥，女的美，當然要介紹給全國的人看囉！

夜深了，哈古雖然已經在會館刻了一天，回到家來還是繼續刻。哈古說，現在年紀也漸漸大了，以前敲木頭吵到人會被抗議，現在夜深人靜的時候，族人聽到咚咚咚的敲木頭聲，就知道頭目身體健康硬朗。而那些遊手好閒的年輕人，知道頭目這麼晚還在辛勤工作，一定會被感動的。問哈古說，媽媽現在還會反對他雕刻嗎？他笑著說：「不會啦！因為現在我是頭目了嘛！」其實，八十三歲的老媽媽，不必戴老花眼鏡、成天縫個不停，縫她們卑南族自己的東西，好像比哈古這個文化頭目還要文化。

這個晚上哈古刻的是一個卑南勇士，有一根需要好幾個人才扛得動的巨大陽具，據說那是卑南族的一個傳統象徵。不過哈古跟我們解釋說，那代表一種期待，期待卑南族的文化永遠強壯有力，子孫生生不息。

夜很深了，部落裡大部分的人都睡了。黑夜中，民主頭目哈古仍繼續雕刻，陣陣咚、咚、咚的聲音迴盪在黑暗中，守護著部落，也守護著所有族人。

綠島海底安安的家

有人在生活需要的理由下，每天持續不斷的獵殺。獵殺那些可能是綠島所有人未來最主要的資源——海裡眼裡的美景。

一九九七年九月十七日傍晚，綠島凱薪飯店的大廳，一群壯漢聚集在電視機前，邊看著畫面邊討論著一個叫「安安」的大流氓，說牠身中兩槍、沒有死之類的事，然而他們的神情卻是一派關心。安安是誰？一個大流氓怎麼會有這麼一個讓人覺得貼心的暱稱？安安是誰？

安安是一條住在綠島南寮漁港外，水深二十米處的海底大流氓。一條長相嚇人但其實像個孩子一樣頑皮而可人的大海鰻。牠第一次被拍進畫面時（一九九五年），身上的槍傷還清晰可見。安安是「小鳥」的哥兒們或者說情人，不過他們可不是一見鍾情的。「小鳥」張鵬燕，屏東人，二十幾歲的時候到綠島來。首先是在綠島監獄當管理員，管的是陸地上的許多流氓，後來離開綠島監獄在觀光潛水艇公司做事，主要工作是潛到海底用魚餌聚集魚群，讓潛艇裡面的觀光客能隔著玻璃窗看到綠島的海底之美。而就在一次餵魚的過程中，小鳥和安安認識了，然後慢慢地變成好朋友。

小鳥說：「剛開始潛艇在作業的時候，我跟著它潛下水去，突然看到一條黑黑的東西向我衝過來，當時我還沒有意會到是一隻海鰻，後來我靠近一看，怎麼會是一隻海鰻？……以前在潛水時，所有認識的人都認為海鰻是相當兇猛的東西，因為牠的牙齒相當銳利，被咬到的話，可能皮膚會被撕裂。當時第一個想法就是趕快跑……。」

安安第一次失蹤的時候，小鳥花了三個月的時間找牠，後來是在南寮漁港內找到的，那時候安安身上有兩個被漁槍射穿的大窟窿，全身沒有力氣，小鳥心疼死了，怕牠在港內不乾淨的水裡面無法復元，於是把牠帶到岸上，養在漁船的活艙內，讓安安好好養傷。我們問他當時是如何把安安帶上來的？小鳥說：「因為那時候我已跟牠建立了滿好的感情，我拿魚餌餵牠，把牠帶出來之後，到了網口的時候，屁股一拍，牠就進去了。牠滿有靈性的，牠知道我不會害牠，牠知道我可能要帶牠上去，所以一上去之後，牠相當乖，也不會掙扎，浮出水面也不會緊張。那時候好多漁民和當地的人都來看。我就邀請一些當地居民及漁民來觀賞，並告訴他們這條鰻魚養得很乖，而且順便叫他們認識一下牠，以後看到牠的時候，不要打牠……」「安安後來慢慢的身體就長大了，原本所住的洞口被潛水艇壓壞掉，無法容納牠龐大的身體，然後我就跟公司建議，反正鰻魚在那裡對公司而言是一個很好的賣點，所以建議給安安蓋個房子，設計的房子是類似一種涵管，我們把一些石頭放在涵管裡面，把後面的部分擋起來。鰻魚有一種習慣其實跟人滿像的，牠在居住、睡覺的時候要墊上石頭，睡覺時尾巴也要鉤住石頭，不鉤住牠會睡不著，可能是防止水流讓牠晃來晃去……。」

小鳥把安安的新家布置得跟安安的老房子一樣。安安不只喜歡新家，有時候也會回去舊家走走看看。這期間安安或許真的是流氓命，陸續又受過幾次傷，當然都是槍傷。不過在小鳥的照顧下都復元得很快。然而就在今年六、七月間，安安再度失蹤了。安安不在，最急的當然是小鳥，除了自己四處尋找之外，還放出風聲，要所有潛水的朋友代找，不但如此，雖然自己已經不在潛水艇公司做事，但每隔二、三天，小鳥還是會潛到安安的家看看。每次都抱著安安這一次一定會在的心情。但直到一九九七年九月十七日的這一天，安安還是沒有回來。

安安去哪裡了？小鳥不知道。牠還在嗎？明天牠會回來嗎？第二天，一九九七年九月十八日，我們準備跟小鳥一起去看綠島的海底——安安的家。當然我們更期待能夠看到安安。

串場人潛水經驗有限，但小鳥一直跟我保證，他會保護我，叫我只要記得呼吸就好了。他說：你一定要下來看看安安，好像安安一定會回來似的。

眾人第一次下潛，是搭觀光潛艇的便車下去的，沒想到海流出奇的強勁，雖然遠遠看到安安的家，但串場人拼盡力氣，卻仍被海流逼退，於是眾人只好上浮。

小鳥或許怕我們打退堂鼓吧！和潛水協會的東尼，及東尼號的船長想出一個辦法，他們直接下錨到海底，然後眾人拉著錨繩直達安安的住處，但是又怕船錨傷到海底的珊瑚，於是心急的小鳥自告奮勇的到海底牽引船錨，在強勁的海流中尋找固定點。然後眾人才逐一拉著繩子下潛。

海底熱帶魚群在，平常不容易看到的台灣本地園鰻也在，但安安不在。海底海流極強，但所有人似乎都有一個願望，那就是盼望安安能在這個時候回來，於是，大夥在水裡硬撐、等待。TVBS的阿海為了跟海流搏鬥，或許也是求生的本能吧！甚至連蛙式游泳都在海底使出來了。氣瓶快空了，但是安安還是沒有回來。我們把原先準備好的牌子，掛在安安的家，是小鳥說的，他說不管安安也好，魚也好、珊瑚也好，園鰻也好，牠們都是海底的住戶，是台灣的公民，只要給牠一個地址，有一天牠總會回來的。小鳥似乎一直這樣認真的相信著。

雖然所有人都有心理準備，都知道一次下水就想跟失蹤好幾個月的安安見面畢竟是一個夢想，但一旦真的沒見到，失望似乎都浮在每個人的臉上。最失望的恐怕是小鳥吧！除了他自己沒有看到安安之外，彷彿還承擔沒有讓所有人看到他的海底情人的責任，因此從最後一次潛水上浮之後一直到船回航上岸，他嘴上一直說「啊！抱歉！抱歉！……」。

小鳥已經不在觀光潛艇公司做事了，他現在自己開了一家浮潛、潛水用具的出租店。自己則擔任海底潛水嚮導。不過都是他在挑顧客而不是顧客挑他。

小鳥對我們訴說著對安安的思念，但之後也像安慰我們說：啊！雖然安安不在，綠島海底其實還有很多好看的啦！就因為這句話吧！第三天我們和潛水協會的東尼以及其他朋友再度下海。那一天東尼想做的事是丈量大香菇。大香菇是潛水朋友們給海底一座可能是世界上最大的一個微孔珊瑚取的名字。他們想做的只是確認它的高度、寬度、位置，希望替它做一個正式的記錄，讓它留在學術單位，留在新聞檔案，留在國際網路上。東尼說就像人報戶口，有戶口就有保護，就沒有人有權利趕走它。

東尼他們小心翼翼的丈量著，儘量不觸及珊瑚的表面，因為他們了解，一個不經意的碰撞，毀掉的可能是珊瑚幾十年、幾百年的生長，甚至是生命。其實不只是微孔珊瑚，綠島的海底各式各樣的珊瑚、不同形狀還有色彩，在我們陌生的另外一個空間裡建構一個繽紛、活力盎然的世界。它們靜默而認真的活著，緩慢的成長著，和各式各樣的魚共存共生，有時候讓我們覺得甚至連姿態和色彩都彷彿巧奪天工一般，相互搭配。

大香菇最後的紀錄是高十二公尺，大約是四層樓的高度，周長三十一公尺，頂端離海面八公尺。儘管海流強勁，但是整個丈量的過程，雖然東尼跟其他潛水朋友都小心翼翼。不過我們也知道任何一個空間只要人們開始侵入，不經意的事彷彿總會發生。大香菇的邊緣就有一個被觀光潛艇不小心撞裂的缺口，這個缺口不會流血，但如果要等傷口復元到原來的樣子恐怕需要另外一個一、二百年。

小鳥不敢向我們介紹海底美景、或者魚群的所在是有理由的，就像同樣有人在生活需要的理由下，每天持續不斷的獵殺。獵殺那些可能是綠島所有人未來最主要的資源——海裡眼裡的美景。

當「生活」這麼龐大的主題出現的時候，所謂未來，所謂環境保護的理念彷彿都得尋找另外一種方式來陳述，否則就將會是衝突。只是綠島似乎已經是台灣周圍海域最後一處繽紛而美麗的場景了。陸地上的利益衝突一直暗暗持續著，海底的魚跟珊瑚都不知道，不過彷彿我們應該知道如果整個情況不改，當陸地的衝突自然沉寂下來的時候，也將會是綠島海底完全沉寂的時候。到了那個時候，不管綠島、綠島的海、甚至綠島的人的存在和依賴，他們的意義將會是什麼？

蘭嶼朗島村

文化或生活的適應，乍聽之下好像都有一點我尊你卑的感覺，但老師們說「適應」這兩個字不好，真正的說法應該是「融合」。

一九九七年四月十日，距台灣四十九海浬之外的蘭嶼不像我們想像的那般晴朗、炎熱、色彩強烈。不知是今年夏天來得比較晚，還是我們來得不巧，那幾天吹的是東北風，海上浪大，水溫低，所以雖然飛魚季節已經開始了，小船季也都結束了，但魚群仍不見蹤影。所以不管船也好，人也好，都只好靜靜等待。

朗島，位置正好是在東北風的迎風面上，雲層特別厚。於是天似乎也亮得特別晚。朗島一天的活動，似乎是從朗島國小所播放的古典音樂聲中開始的。老人們隨著音樂聲出門看天氣，小孩則出門上學去。

淑珍的兩個小孩——兒子凱祥六年級，女兒嘉文一年級。好像才剛剛被媽媽叫醒，睡眼惺忪的踏上征途。其實不只凱祥和嘉文，或許是學校就在幾步的距離，所以早上七點半的朗島，移動著的幾乎都是半睡半醒的孩子。

朗島國小的校舍建築，似乎代表了某個階段的教育經費和教育觀念。最舊的是四四方方，毫無美感，有就好的平面教室，而且還是海砂屋。中間的是四四方方，一本正經的樓房，是一張藍圖全國共用的建築。最新的則是設計別致，有地區獨特風格的教室。

八點鐘，淑珍的媽媽，還有別號「八腳魚」的爸爸，也準備到村外的水芋田去工作。或許都受過日本教育，而且和本島有阻隔，所以即便是四、五十年後的現在，我們看到的依稀是一個日本軍人，還有他溫文恭敬的夫人。在蘭嶼除了上學，出海捕魚，山上種芋頭之外，工作機會是零。特別是在等待漁汛的現在，生活似乎不得不優閒。

淑珍的先生和許多蘭嶼的男人一樣，在台灣工作。為了貼補家用，淑珍開了一家小雜貨店。一個小小的村落，三十公尺不到的路面上，卻有四家雜貨店。淑珍說村裡的人買東西，是四家輪流著買，或者想到哪裡，買到哪裡，所以也沒有什麼好競爭的。不過或許淑珍的生意頭腦還不錯，最近她就開發了另外一種別人所沒有的商品，她賣一些自己做的滷味。

淑珍妹妹的先生也在台灣做工，她待在家裡沒事，所以也來幫淑珍姊姊看店，或者做滷味。在蘭嶼，所謂的沒事，就是真的什麼事也沒有。電視有三台，可是比較清晰穩定的只有一台。沒有菜市場，沒有美容院。主婦們除了聊天，真的想不出有什麼事情可以做。

學校早自習結束了。短短的下課時間，嘉文還可以慢條斯理的回來拿早點。家裡既然開的是雜貨店，早餐當然就在冰箱裡、貨架上，要什麼自己選，完全是我這種年紀的人小時候的夢想。

嘉文拿了自己的，也沒忘記幫哥哥拿一份。

今天或許是高年級大哥哥、大姊姊們校外授課的日子，所以氣氛有點不一樣。上課鈴早已響了，低年級的小朋友卻還在外面混。問他們為什麼還不進教室？小朋友說老師還沒有叫。後來老師終於忍不住出來找人了，眾小將們這才從四面八方歸隊，脫鞋、洗腳，準備進教室。由於是外島，朗島國小小朋友的福利比較好一點，制服免費，鞋子免費，還有一頓免費的營養午餐。新教室的設計和設備，在校長跟老師們的建議下，既人性又現代化得令人覺得開心。要脫鞋的實木地板，附設午休用的樓中樓式的通舖，每間教室有自己的衛生設備，有電視、錄影機、飲水機和電腦。更重要的是他們有被允許的超高標準的自由。

「……我覺得是孩子給我的因素比較大。他們是不接受控制的，像要求他們在教室坐好，要聽老師說話，他不理你，這對他們來說是不可能的事，所以剛開始一個禮拜，我都常常會在外面追小朋友，追到了這個，另外一個又跑掉了，根本沒有辦法上課。我會覺得『天啊！怎麼是這個樣子？』不知道該怎麼樣處理這種情形。後來在八個月中，我慢慢的調整。本來當初也在懷疑自己是否待得下去？其實我來之前也想過，我不會打小孩子，我不會生氣，而且又有愛心，是一個有理想、抱負的年輕人，可是發現當我在教我的孩子時，為什麼會跟以前老師一樣，忍不住想拿棍子打他們，自己會對自己產生懷疑，覺得自己是否適合教書？……」一位朗島國小的老師說著自己的「心路歷程」。另一位男老師則說：「我剛來頭一年帶的學生，現在六年級。學生們經常以眉毛甩兩下表示說『我懂了！我知道了！』以我們漢人社會，會覺得怎麼這樣隨便，就會很生氣。起先一個月，我真的覺得很難過，覺得學生都不甩我。但是後來搞清楚了，原來他們眉毛這樣甩一甩，就表示說我知道了，我會去做！後來他們跟我講什麼，我也眉毛甩一甩，表示我知道了。」

原本以為被派到蘭嶼的老師都是非常不得已的，後來才知道，蘭嶼幾乎是他們的第一選擇，所以能來的幾乎都是畢業成績前幾名的有為青年。每位老師想到蘭嶼教書的動機，雖然不一定都一樣，但態度和精神卻相同：誠懇、認真，令人難忘。

或許蘭嶼跟我們隔著海，許多自己的文化傳統反而可以幸運的保留下來。舉個例子來說，走過台灣許多原住民村落，蘭嶼大概是母語保留得最完整的地方。國語，似乎只在教室裡面說，但聽老師叫喚著的依然是學生們雅美語的名字。老師雖然沒說，但我們都知道這是真正的尊重。尊重不正是教育的開始，也是最終的目的嗎？

早上十點鐘，高年級的小朋友已等不及要往校外走，可是老師們可還忙成一團，他們還在認真的討論今天上課的重點。或許老師們的年紀相當，生活、工作又全在一起，在這裡有時候我們覺得他們不像老師，反而比較像一個志同道合的大學社團。

第二天上午十點整，高年級的小朋友在低年級小弟弟、小妹妹羡慕的眼光注視下，愉快的走出校門。雖然是校外授課，但去的卻是他們最熟悉的地方，最熟悉的海，最熟悉的山。

即便是最熟悉的地方，在老師們的引導下，他們想知道的事，卻還有一大籮筐。有時候看他們把老師給問倒了，老師們倒挺老實的說：「這個嘛！我也不知道，我回去查查看，不然，我問其他老師看看！」

雖然將近中午時分，天色卻依然昏暗。男人們說今天飛魚不來了，明天可能還是沒希望。我們只好放棄跟男人們出海捕魚的場面，轉在涼台上跟淑珍，還有其他女士們聊天，也聽她們小小說了一些外來的我們曾經對蘭嶼造成傷害的罪狀。希望她們所說的都已經是過去的事。因為海的阻隔，我們不了解蘭嶼，一如蘭嶼的朋友也不了解你我。不記得是哪個老師說的，說如果不讓孩子們親身體驗，我們怎能強求他們了解課本裡「美濃遊記」的樂趣，怎麼能讓他們完全了解「塞車」是什麼狀況？還有高速公路到底是什麼東西？所以在這裡，與其說教育，不如說我們是跟孩子們一道學習。而第一課是不分彼此，一起了解蘭嶼，當然也了解自己。

文化或生活的適應，乍聽之下好像都有一點我尊你卑的感覺，但老師們說「適應」這兩個字不好，真正的說法應該是「融合」。他們半認真半開玩笑的舉了例子說：「融合的結果是即便是老師也可以大大方方到雜貨店賒帳，領薪水的時候再還。欠人家，跟被欠的都覺得心安，都覺得理所當然。」

午後低年級的小朋友放學了，高年級的小朋友繼續上課，這回他們要去的地方在島的另一邊，所以有車子可以坐。在蘭嶼除了公車，還有警車，所有車子都沒有牌照。就算有牌照，也沒有意義，因為大多數的車輛都是台灣淘汰的舊車，就算掛著車牌，不是作廢的，也是過期的。於是蘭嶼成了許多車子最後的去處。走在蘭嶼的路上，我們彷彿隨時可以看到一堆堆車子的墳場，不知怎麼了，我們忽然想到核廢料，當然也想到雅美人對死亡、墳場、幽靈、魔鬼的禁忌和他們的不安；而我們卻偏偏把這些東西都丟在這裡，離我們只有四十九海浬，一個我們所不了解的，彷彿也不想真正去了解的海島上。

途中我們路過八腳魚的水芋田，我們上去看了看，走過防風林的林投樹，這才發現兩個老人家所耕作的田地是那麼一大片。在台灣，早已是農藥、除草機加上耕耘機的農作方式，在蘭嶼，他們用手，用最簡單的工具和最自然的方式讓作物生長。我一直不明白，這到底叫落後？還是叫堅持？但至少在農場的水芋田裡，竟然可以看到遍山的燒酒螺，甚至游動的小魚。

八腳魚為什麼叫八腳魚？後來我們才知道，這個名字是他的榮耀。因為他是朗島上最會抓章魚的人。那天要不是海面風浪太大我們阻止了他，當他吃完今天的第一餐「莎莎亞加維士比」之後，他差一點就下海抓章魚去了。

八腳魚的太太，沉默多禮。據說早年有個日本人愛她至深，後來是她堅決不肯離開蘭嶼。淑珍說，其實爸爸媽媽都老了，沒牙齒了，番薯跟芋頭纖維多，不好消化，他們現在都改吃稀飯，但他們還是要種。我們不懂那是另外一種堅持，還是一種勞動的習慣呢？

八腳魚愉快的喝著維士比，唱著日本歌。他的太太卻用日本話告訴我們說，她沒有學過中國話，所以不好意思，懂得不多……。八腳魚跟他太太的生活方式，除了飲料之外，跟五十年前比起來，彷佛沒什麼改變。然而新一代的孩子們，卻在老師的國語裡頭，學習怎樣保護已經被破壞的環境，我們幾乎在同一個時間裡，看到了傳統跟所謂的現代正交接而過。

爸爸跟媽媽下工了，淑珍可還忙著。她正準備明天村裡頭每個禮拜一次的黃昏市場的貨色。所謂的黃昏市場，通常是四點開始，七點結束。除了夏天，旅遊季節之外，賣東西的或是買東西的，都還是白天裡你我所看到的所有人。所以與其說是每週一次的黃昏市場，倒不如說是每週一次的鄉村野宴，或嘉年華會。

太陽下山了。八腳魚的太太沉默的把今天除草時順便挖來的芋頭跟番薯送到女兒家去。哥哥還在校外授課，媽媽還在店裡，一年級的嘉文竟然可以自己掃地，洗衣服，只是力氣比較小吧，衣服扭不乾，一件一件都還滴著水，奶奶幫她晾，眼神裡面盡是憐惜。

六點半了，淑珍跟她的妹妹準備收店。除了有高年級小朋友夜宿的校園裡傳來孩子們的笑語和熱門音樂的聲音外，整個朗島村一片沉寂。

蘭嶼的一天過去了。大人們或許期待明天天氣好，飛魚會成群的來，而小孩子們呢？他們期待的是什麼？是不是像老師說的，能有人送給他們一些好看的書，還是不止這樣呢？如果不止這樣，他們還期待什麼呢？

國家圖書館出版品預行編目資料

臺灣念真情／吳念真著. -- 二版. -- 臺北
市：麥田, 城邦文化出版：家庭傳媒城邦分
公司發行, 民100.10
面； 公分. --（念真作品；3）
ISBN 978-986-173-690-7（平裝）
1. 人文地理 2. 臺灣

733.4 100018621

念真作品 3

台灣念真情【完整珍藏版】

作　　者／吳念真
責任編輯／林怡君

副總編輯／林秀梅
編輯總監／劉麗真
總 經 理／陳逸瑛
發 行 人／凃玉雲
出　　版／麥田出版
城邦文化事業股份有限公司
台北市104中山區民生東路二段141號5樓
電話：(02)2500-7696　傳真：(02)2500-1966
部落格：http://blog.pixnet.net/ryefield
發　　行／英屬蓋曼群島商家庭傳媒股份有限公司城邦分公司
台北市民生東路二段141號11樓
書虫客服服務專線：02-25007718・02-25007719
24小時傳真服務：02-25001990・02-25001991
服務時間：週一至週五09:30-12:00・13:30-17:00
郵撥帳號：19863813　戶名：書虫股份有限公司
讀者服務信箱E-mail：service@readingclub.com.tw
歡迎光臨城邦讀書花園 網址：www.cite.com.tw
香港發行所／城邦（香港）出版集團有限公司
香港灣仔駱克道193號東超商業中心1樓
電話：(852) 25086231　傳真：(852) 25789337
E-mail：hkcite@biznetvigator.com
馬新發行所／城邦（馬新）出版集團【Cite(M)Sdn. Bhd.(458372U)】
11, Jalan 30D/146, Desa Tasik,
Sungai Besi, 57000 Kuala Lumpur, Malaysia.
電話：(603) 90563833　傳真：(603) 90562833

美術設計／江孟達工作室
印　　刷／沐春行銷創意有限公司

■2011年（民100）10月　二版一刷
2021年（民110）5月　二版二十六刷
Printed in Taiwan.

定價／320元

ISBN 978-986-173-690-7